박영규 선생님의  우리역사 깊이읽기

신라사 이야기 3
문무왕부터 경순왕까지

그린이 **이용규**

청주대학교 서양화과를 졸업했습니다.
그린 책으로는 《벽화 속에 살아 있는 고구려 이야기》《브람스 헝가리 춤곡》
《엄마가 쓴 동화》《한국사 탐험대》 등이 있습니다.

박영규 선생님의 우리 역사 깊이 읽기
신라사 이야기 3
문무왕부터 경순왕까지

1판 1쇄 인쇄 | 2006. 7. 3
1판 12쇄 발행 | 2014. 2. 10

박영규 글 | 이용규 그림

발행처 김영사 | 발행인 박은주 | 편집인 박숙정
편집주간 전지운 | 편집 고영완 문자영 김지아 박은희 김효성 김보민
디자인 김순수 전성연 김민혜 이설아 윤소라 고윤이 | 디자인진행 디자인우디
만화연구소 김준영 김재윤 | 해외저작권 김소연 | 미디어기획부 박준기
마케팅부 이희영 이재균 박진옥 양봉호 강점원 정완교 이유경
온라인전략팀 정민영 이지현
제작부 안해룡 박상현 김일환 김수연
사진제공 권태균 연합뉴스 중앙포토 세종대왕기념사업회
등록번호 제406-2003-036호
등록일자 1979. 5. 17
주소 경기도 파주시 문발로 197 (우413-756)
전화 마케팅부 031-955-3100 편집부 031-955-3113~20
팩스 031-955-3111

ⓒ 2006 박영규
이 책의 저작권은 저자에게 있습니다.
저자와 출판사의 허락 없이 내용의 일부를 인용하거나 발췌하는 것을 금합니다.

값은 표지에 있습니다.
ISBN 978-89-349-2238-4 73900
ISBN 978-89-349-1949-0 73900(세트)

좋은 독자가 좋은 책을 만듭니다.
김영사는 독자 여러분의 의견에 항상 귀 기울이고 있습니다.
독자의견전화 | 031-955-3137
전자우편 | book@gimmyoung.com
홈페이지 | www.gimmyoungjr.com

박영규 선생님의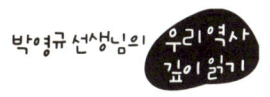

신라사 이야기 3
문무왕부터 경순왕까지

주니어김영사

어린이들에게 신라의 참모습을 일깨워 주기 위해서

　신라를 흔히 '천년 왕국'이라고 한다. 정확하게 말해서 신라의 역사는 992년(기원전 57~935년)이다. 그리고 고려의 역사는 474년(918~1392년), 조선의 역사는 518년(1392~1910년)이다. 그런데 우리는 이 숫자들에서 재미있는 사실을 발견할 수 있다. 고려 역사 474년과 조선 역사 518년을 더하면 신라 역사 992년이 되는 것이다. 신라 역사의 길이는 조선 역사와 고려 역사를 합친 것과 같다는 말이다.

　신라는 약 2,000년 전에 세워져 고려와 조선의 역사를 합친 시간만큼 유지되다가 약 1,000년 전에 몰락했다. 신라의 역사는 《삼국사기》와 《삼국유사》, 《화랑세기》 등의 우리 역사책과 중국과 일본의 여러 역사책에 전해 오고 있다.

　그러나 신라의 역사는 자세하지 않다. 앞에 말한 여러 책에 전하고 있는 신라에 대한 이야기들은 신라 역사의 아주 일부일 뿐이다. 그 일부의 역사마저도 제대로 정리한 책이 별로 없다. 그런 탓에 신라에 대한 간단한 정보를 가지고 있는 사람도 많지 않다. 우선 신라 사람들이 누구인지도 잘 알지 못한다. 사실, 신라를 처음 세운 사람들은 원래부터 경상도 땅에 살던 사람들은 아니다. 그들은 만주 땅에서 망명해 온 고조선의 후예였다. 그러나 신라 백성 가운데에는 일본 사람도 있었고 삼한 사람도 있었다. 심지어 신라 왕 가운데에도 일본이나 마한 출신도 있었다.

　신라 왕족은 박씨, 김씨, 석씨 세 성씨로 이루어졌다. 중국 역사와 우리 역사를 모두 뒤져 봐도 세 성씨가 하나의 왕조를 이룬 나라는 신라밖에 없다. 도대체 어떻게 이런 일이 생겼을까? 박씨는 신라를 세우고, 석씨는 신라의 기반을 닦았고,

김씨는 신라를 발전시켰다. 그렇다면 이들은 모두 고조선의 후예였을까? 아니다. 박씨는 고조선의 후예이고, 석씨는 일본 출신이며, 김씨는 마한 출신이다.

박씨의 시조 박혁거세는 고조선의 후예인 서라벌의 여섯 부족이 추대해 왕으로 세운 인물이다. 따라서 박씨는 고조선의 후예다.

하지만 신라 제4대 왕 석탈해는 일본 사람이다. 그는 일본 작은 섬나라의 왕자였다. 때문에 신라 왕들 가운데 석씨를 쓰는 왕에겐 일본의 피가 섞여 있는 셈이다. 박혁거세왕 시절에 재상을 지낸 '호공'이란 사람도 일본 출신이었다. 이렇듯 신라 백성들 속에는 일본 사람도 많이 섞여 있었다.

그렇다면 신라 김씨 왕조의 시조 김알지는 누구인가? 그는 마한 사람이다.(이에 대해서는 본문 속에 자세히 소개해 두었다.)

이렇듯 신라는 고조선의 후예와 일본에서 건너온 세력과 삼한 세력이 함께 세운 국가다. 하지만 우리는 이런 사실을 잘 알지 못한다. 또 이런 내용을 전해 주는 책도 쉽게 찾아볼 수 없다.

신라사에는 우리가 미처 발견하지 못했던 숨어 있는 이야기들이 수도 없이 많다. 하지만 그 이야기들을 전해 주는 책들은 전혀 없다.

역사는 크게 세 가지로 이루어져 있다. 첫 번째는 옛날이야기다. 그리고 두 번째는 그것에 대한 해석이며, 마지막으론 역사를 바라보는 시각이다. 하지만 지금 우리 어린이들이 읽고 있는 대부분의 역사책에는 이야기만 있고 해석과 시각이 없다.

특히 신라사처럼 오래된 역사는 단순히 이야기를 아는 것보다 해석과 시각을 아는 것이 더 중요하다.

이 책 《신라사 이야기》는 우리 어린이들에게 역사 이야기만 알려 주는 책이 아니라 역사적 해석과 시각까지 함께 전해 주는 책이 되고자 한다.

박영규

차례

제30대 문무왕실록
삼한 통일의
꿈을 이룬 문무왕 8

문무왕 가계도 28

제31대 신문왕실록
통일 신라를 다진
신문왕 30

신문왕 가계도 38

제32대 효소왕실록
힘센 신하들에게
눌려 지낸 효소왕 40

효소왕 가계도 42

제33대 성덕왕실록
정치와 외교의 안정을
이룬 성덕왕 44

성덕왕 가계도 45

제34대 효성왕실록
왕권 회복을 꿈꾸다
실패한 효성왕 46

효성왕 가계도 48

제35대 경덕왕실록
왕권을 되찾고 개혁을
이룬 경덕왕 50

경덕왕 가계도 56

❀ 신라사 깊이 읽기
신라의 역사가
기록된 사료에는
어떤 것이 있을까? 58

제36대 혜공왕실록
반란군에게 목숨을
잃은 혜공왕 66

혜공왕 가계도 70

제37대 선덕왕실록
혜공왕을 죽이고
왕이 된 선덕왕 72

선덕왕 가계도 74

제38대 원성왕실록
폭우 덕분에 왕이 된
원성왕 76

원성왕 가계도 78

제39대 소성왕실록
명이 짧은 소성왕 80

소성왕 가계도 81

제40대 애장왕실록
왕권 회복에 과감하게
나선 애장왕 82

애장왕 가계도 86

제41대 헌덕왕실록
조카를 죽이고 왕위에
오른 헌덕왕 88

헌덕왕 가계도 92

제42대 흥덕왕실록
슬픔과 병마에
시달린 흥덕왕 94

흥덕왕 가계도 96

제43대 희강왕실록
왕이 된 지 1년 만에
목숨을 잃은
희강왕 98

희강왕 가계도 99

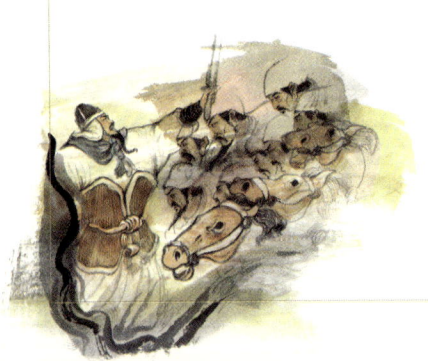

제44대 민애왕실록
장보고에게 당한
민애왕 100

민애왕 가계도 101

제45대 신무왕실록
장보고의 힘을 빌려
왕위에 오른
신무왕 102

신무왕 가계도 103

제46대 문성왕실록
장보고와의 약속을
어긴 문성왕 104

문성왕 가계도 108

❀ 신라사 깊이 읽기
신라소와 신라방은
무엇일까? 110

제47대 헌안왕실록
원수의 손자를 사위로
삼은 헌안왕 112

헌안왕 가계도 114

제48대 경문왕실록
당나귀 귀를 가진
경문왕 116

경문왕 가계도 118

제49대 헌강왕실록
안정을 누린
헌강왕 120

헌강왕 가계도 122

❀ 신라사 깊이 읽기
신라의 노래 향가와
〈처용가〉 124

제50대 정강왕실록
왕이 된 지 1년 만에
세상을 떠난
정강왕 128

정강왕 가계도 129

제51대 진성여왕실록
무능력한 진성여왕 130

진성여왕 가계도 140

제52대 효공왕실록
좌절하며 나랏일을
돌보지 않은
효공왕 142

효공왕 가계도 144

제53대 신덕왕실록
새롭게 박씨 왕조를
연 신덕왕 146

신덕왕 가계도 147

제54대 경명왕실록
고려와 외교 관계를
맺은 경명왕 148

경명왕 가계도 152

제55대 경애왕실록
스스로 목숨을 끊은
경애왕 154

경애왕 가계도 158

제56대 경순왕실록
신라의 마지막 왕
경순왕 160

경순왕 가계도 166

❀ 신라사 깊이 읽기
신라시대를 거쳐 간
중국의 국가들은
몇 나라나 될까? 168

제30대 문무왕실록

삼한 통일의 꿈을 이룬 문무왕

사라지는 백제와 무너지는 고구려

문무왕은 무열왕의 맏아들로 이름은 법민이다. 그는 태자 시절에 이미 통일 전쟁에 나가 많은 공을 세웠다. 660년에 벌인 백제 정벌 전쟁에서는 무열왕을 대신해 신라 군을 직접 지휘하기도 했다. 그리고 661년 7월, 무열왕이 세상을 떠나자 신라 제30대 왕에 올랐다.

왕위에 오른 문무왕은 쉴 틈도 없이 다시 전쟁에 뛰어들어야 했다. 당나라에 머무르던 김인문이 신라에 들어와 이렇게 말했기 때문이다.

"당나라가 고구려를 칠 것입니다. 당나라 황제가 신라도 함께 고구려를 공격하라고 하니 빨리 준비하십시오."

문무왕시대의 세계 약사

중국에서는 당나라 고종이 백제를 멸망시킨 뒤 고구려를 계속 공격해 668년 고구려를 무너뜨렸다. 이후 고구려 땅은 물론 백제 땅까지 손에 쥐려 했으나, 신라의 반발에 밀려 뜻을 이루지 못했다. 이때 왜는 국호를 일본으로 고쳤고, 티베트에서는 문자가 만들어졌다.
한편 사라센(이슬람 제국)에서는 내분이 일어나 우마이야 왕조가 세워져 칼리프 자리가 세습되었다.
동로마에서는 칼리니쿠스가 화약을 발명했으며, 불가리아 왕국이 세워졌다.

"알았다. 대장군 김유신은 즉시 군사를 이끌고 출동하라. 고구려를 쳐서 삼한 통일의 날을 앞당겨라."

김인문의 말을 들은 문무왕은 망설임 없이 군사를 출동시키고 예전 마한, 진한, 변한의 삼한 땅을 통일하자고 했다. 흔히 신라의 통일을 '삼국 통일'이라고 하는데, 고구려 땅에는 뒷날 발해가 들어서므로 '삼한 통일'이 정확한 표현이다.

김유신은 문무왕의 명령대로 고구려 평양으로 향했다. 당나라 군사에게 많은 식량을 건네주고 평양을 공격하려 했다.

"고구려를 무너뜨릴 기회가 왔다. 온 힘을 다해 몰아쳐라!"

그런데 갑자기 김유신을 곤란하게 하는 소식이 전해졌다.

"장군, 당나라 소정방이 고구려 군에 져서 달아났습니다."

"뭐라고? 그 많은 식량까지 주었는데 지다니?"

소정방이 당나라 군사를 이끌고 달아나면 위험해지는 것은 신라 군이었다. 김유신은 재빨리 신라 군을 평양에서 빼내려고 했다. 하지만 고구려 군이 이를 가만둘 리 없었다.

"장군, 고구려 군이 뒤쫓아 오고 있습니다."

김유신은 침착하게 말했다.

"당황하지 마라. 고구려 군은 우리가 정신없이 달아나는 것으로 생각하고 오히려 마음 놓고 있을 것이다. 이 틈을 타서 우리가 공격하면 된다."

김유신은 달아나지 않고 말 머리를 돌려 고구려 군을 공격했다. 이 작전은 큰 성공을 거두었다. 김유신은 고구려 병사 1만 명을 죽이고 고구려 장수까지 포로로 붙잡았다.

1. 문무왕 (?~681)

신라 제30대 왕(재위 기간 661~681)으로 무열왕의 맏아들이다. 이름은 법민이다.

이렇게 되자 고구려는 함부로 신라를 공격하지 못했다.

이를 잘 알고 있는 문무왕이 말했다.

"고구려는 당나라의 침입에도 대비해야 하고 우리에게 크게 진 지 얼마 되지 않았기 때문에 당분간 신경 쓰지 않아도 될 것이다. 이 틈에 저항하는 백제 무리들을 모두 무찌르도록 하라."

그 무렵 백제에서는 무너진 나라를 다시 일으키기 위해 복신[2]과 도침[3]이 부여풍[4]을 왕으로 세우고 신라 군에게 도전하고 있었다.

"웅진성이 백제 군에게 포위되었다고 합니다."

웅진성은 당나라 장수 유인원이 차지하고 있었다. 문무왕은 웅진성이 위태롭다는 말을 듣자마자 이렇게 명령했다.

"웅진성을 포위하고 있는 백제 군의 뒤를 공격하라."

2. 복신 (?~663)
백제의 장군이며 의자왕의 사촌 동생이다.

3. 도침 (?~661)
본래 승려였으나 백제를 다시 세우려 활약하다 복신에게 죽음을 당했다.

4. 부여풍 (?~?)
백제 의자왕의 아들이다.

백제 군은 졸지에 당나라 군과 신라 군에게 양쪽에서 공격받는 처지가 되었다. 백제 군을 이끌고 있던 복신과 도침은 후퇴 명령을 내렸다. 백제 군은 어쩔 수 없이 웅진성을 포기하고 임존성으로 들어가 버티었다. 성을 지키며 싸우는 백제 군의 저항은 만만치 않았다.

"왕실이 무너졌는데 저놈들은 포기할 줄을 모르네."

"이러다가 백제가 다시 살아나는 것은 아닐까?"

"당나라 군사와 신라 군이 힘을 모아 공격하는데 무슨 재간으로 버티겠어? 곧 무너질 거야."

신라 군이 이런 이야기를 나누며 백제 군을 포위하고 있을 때, 문무왕은 새로운 소식을 들었다.

"복신이 도침을 죽이고 권력을 혼자 차지했다고 합니다."

"부여풍이 혼자 세력을 키우는 복신을 죽였다고 합니다."

문무왕은 이러한 사태를 지켜보고 있었다.

"부여풍이 어떤 작전으로 나올까? 복신과 도침도 죽었는데 어디에 기대려고 할까?"

부여풍이 기대려고 한 것은 왜군이었다. 부여풍은 왜군과 손잡고 당나라와 신라의 연합군을 공격했다.

하지만 부여풍의 야심 찬 공격은 처참한 패배로 끝났다. 뒤에 다시 백제를 세우려는 세력이 사비성을 차지하고 공격했지만 당나라와 신라의 연합군에게 무너졌다. 이로써 백제는 역사 무대에서 완전히 사라졌다. 백제 땅을 차지한 신라에게 남은 적수는 고구려뿐이었다.

5. 남생 (?~679)
연개소문의 뒤를 이어 대막리지에 올랐으나 당나라에 항복한 뒤 고구려를 침략, 멸망시켰다.

6. 연정토 (?~?)
남생이 당나라에 항복하자 나라 안팎의 정세가 고구려에 불리하다는 사실을 깨닫고 신라에 항복했다.

고구려에는 당나라 군사들을 벌벌 떨게 하는 최고의 장군인 연개소문이 있었다. 당나라는 백제 세력을 완전히 무너뜨린 뒤 본격적으로 고구려를 공격했지만, 고구려를 무너뜨리기는 쉽지 않았다.

"당나라 방효태 장군이 이끄는 군사가 고구려 군에게 크게 졌다고 합니다."

"당나라 이적 장군이 다시 고구려를 공격하고 있다고 합니다."

문무왕은 당나라 군이 고구려에 계속 지자 걱정에 휩싸였다.

"역시 고구려는 강한 나라다. 혹시라도 당나라가 고구려에게 완전히 져서 물러가면 고구려는 우리를 죽이려 들 텐데 걱정이구나."

이때 문무왕의 걱정을 단숨에 날려 버리는 소식이 날아왔다.

"연개소문의 맏아들인 남생[5]이 당나라에 항복했다고 합니다."

"그게 정말이냐? 어찌 된 일이냐?"

"남생이 동생들과 권력 다툼을 벌이다가 쫓겨나서 당나라에 항복한 모양입니다."

"고구려 같은 강한 나라도 권력 다툼이 일어나 어지러워지니 어쩔 수 없구나."

반가운 소식은 계속 들려왔다.

"연개소문의 동생 연정토[6]가 고구려의 열두 성을 신라에 바치겠다고 찾아왔습니다."

문무왕은 크게 기뻐하며 말했다.

"연정토를 기쁘게 환영해 주어라. 그리고 고구려를 몰아치도록 하라."

고구려는 남생과 연정토의 항복으로 크게 흔들렸다. 667년 9월에는 16개 성이 무너졌고 곧이어 부여성과 40여 개 성이 무너졌다. 마침내 668년 9월에는 고구려의 보장왕[7]이 머물고 있던 평양성이 무너져 강대국 고구려도 비참한 최후를 맞았다. 그 뒤 안승[8]이 장수 검모잠[9]과 더불어 고구려를 다시 세우기 위해 저항했다. 그러나 1년여 만에 안승이 검모잠을 죽이고 신라에 항복했다.

고구려가 무너지자 문무왕은 기쁨을 감추지 못하고 큰 소리로 외쳤다.

"드디어 삼한을 통일했도다. 이제야 선대왕들께 얼굴을 들 수 있겠구나."

하지만 곧 삼한 땅을 차지하려는 신라의 앞을 막는 장애물이 나타났으니, 그것은 한반도를 집어삼킬 욕심에 가득 찬 당나라였다.

7. 보장왕 (?~682)
영류왕의 동생인 태양왕의 아들로 고구려의 마지막 왕 (재위 기간 642~668)이다.

8. 안승 (?~?)
검모잠과 함께 고구려 부흥 운동을 벌였으나 검모잠을 죽이고 신라에 항복해 보덕왕의 칭호를 받았다.

9. 검모잠 (?~?)
670년에 고구려 사람들을 모아 안승을 왕으로 세우고 고구려 부흥 운동을 벌였다.

당나라와 전쟁을 벌여 삼한을 통일한 신라

백제와 고구려를 무너뜨린 문무왕은 곧 당나라가 고구려 땅과 백제 땅을 모조리 차지하려 한다는 소식을 들었다.

10. 웅진 도독부
당나라가 백제를 멸망시킨 뒤 백제의 옛 땅을 다스리기 위해 설치한 행정 관청이다.

11. 부여융 (615~682)
백제 의자왕의 아들로 신라군의 포로가 되었다가 웅진 도독이 되어 백제 땅을 다스렸다.

12. 품일 (?~?)
신라의 장군으로 관창의 아버지다.

문무왕은 크게 화를 냈다.

"저들이 욕심을 낼 줄은 알았지만, 이렇게까지 다 차지하려고 할 줄은 몰랐군. 삼한 땅을 저들에게 넘겨줄 수 없다. 삼한 통일은 우리의 소원이 아니었던가?"

문무왕은 삼한 땅을 차지하려는 당나라에 조금도 굽히지 않았다. 그러자 당나라는 머무르고 있던 신라의 사신들이 고국으로 돌아가지 못하도록 붙잡아 버렸다.

문무왕은 신하들을 불러 모아 놓고 말했다.

"당나라가 이제 사신들까지 잡아 두고 우리를 협박하고 있다. 저들에게 어떻게 맞서야 하겠는가?"

신하들이 대답했다.

"지금 당나라는 옛 백제 땅을 차지하려고 웅진 도독부[10]를 두고 있습니다. 웅진 도독 부여융[11]을 우리 편으로 만드는 것이 좋을 듯합니다."

"좋다. 부여융에게 사람을 보내라."

하지만 부여융은 별로 힘이 없었다. 실제로 웅진을 차지하고 군사들을 끌던 사람은 당나라 장수 사마칭이었다.

부여융에게 손을 내민 것이 별 효과를 거두지 못하자 문무왕은 단호하게 말했다.

"더 이상 두고 볼 수 없다. 장군 품일[12]은 군사를 이끌고 백제 땅을 점령하라. 또한 그곳 백성들을 신라로 데려오라. 이제 그들은 신라의 백성이다."

품일 장군은 왕의 명령을 받고 670년 7월 백제 지역을 공격해 63개 성을 차지하고 그곳 백성들을 데려왔다. 또 천존, 죽지 등의 장수도 일곱 성을 점령하고 당나라 군사 2,000여 명을 죽였다. 이로써 당나라와의 전쟁이 본격적으로 시작되었다.

당나라의 군사를 이끄는 총사령관은 설인귀[13]였다. 그는 자신의 군사들이 신라 군에 졌다는 소식을 계속 들으면서 분통을 터뜨렸다.

"장군, 신라 장군 죽지가 우리 군사 5,300명을 죽였습니다."

"뭐? 또 당했다고? 개가 주인을 무는 격이구나."

설인귀는 문무왕에게 편지를 보냈다.

'신라가 당나라를 섬기기로 했기에 우리가 군사를 내어 고구려와 백제를 무너뜨려 주었는데, 어찌 신라는 우리를 공격하는 것이오? 이는 도리를 저버린 행동이 아니오?'

이에 문무왕이 답했다.

'과거 그대의 태종 황제(이세민)께서 고구려를 얻으면 평양 아래의 백제 땅은 신라에게 준다고 했는데, 어찌해서 그대들의 군사는 백제 땅을 차지하고 있소? 약속을 어긴 것은 그대들이고 우리의 행동은 정당하오.'

이렇게 신라가 물러서지 않자 당나라는 671년 장수 고간을 앞세워 4만 명의 군사를 이끌고 신라를 공격해 왔다.

"당나라 군사들이 평양에 도랑을 파고 보루(적의 침입을 막기 위해 돌로 쌓은 둑이나 축대)를 쌓아 공격해 오고 있습니다."

이 소식을 들은 문무왕이 말했다.

"저들은 먼 곳에서 왔으니 식량을 싣고 오는 배를 공격하면

13. 설인귀 (613~682)
당나라의 이름난 장수로 백제와 고구려를 정벌하는 데 큰 공을 세웠다.

힘을 잃을 것이다."

신라 군이 당나라 수송선 70여 척을 박살 내 당나라 군사들은 식량이 끊겼다. 그러자 신라는 672년 8월 평양 가까이에서 고구려 백성들과 손잡고 당나라 군을 크게 쳐부수었다.

신라가 당나라에 지지 않고 맞서자 당 고종은 펄펄 뛰었다.

"감히 신라가 우리에게 이럴 수가 있느냐? 내가 덕을 베풀어 신라의 왕을 좋게 대우해 주었던 은혜를 생각하지 못하는 것이 아니냐? 지금부터 신라 왕에게 내린 모든 벼슬을 취소하겠다."

예부터 큰 나라의 황제는 작은 나라 왕들에게 벼슬을 내리곤 했다. 그런데 이를 취소하겠다는 것은 당 고종이 문무왕을 더 이상 신라의 왕으로 여기지 않겠다는 뜻이었다.

당 고종은 오래전부터 당나라에 머물고 있던 문무왕의 동생 김인문을 불렀다.

"이제부터 너를 신라의 왕으로 임명하니, 이 길로 너는 신라로 가서 네 자리를 찾도록 해라. 장군 유인궤는 새로 임명한 신라의 왕과 함께 가서 신라의 무릎을 꿇게 해라."

유인궤 장군은 당 고종의 명령대로 김인문을 데리고 신라로 쳐들어갔다. 유인궤의 군대는 칠중성을 무너뜨리고 신라를 위협했지만, 더 이상 신라 군을 쳐부수지는 못했다.

이때 문무왕은 당나라에 사신을 보내 당 고종을 달랬다.

"폐하, 어찌 황제께서 베푼 은혜를 잊겠습니까? 저희 왕께서는 당나라를 여전히 섬기려고 하십니다."

그러자 당 고종은 예전처럼 문무왕을 신라의 왕으로 인정하고 김인문을 다시 불러들였다. 하지만 당나라는 공격을 멈추지 않았다. 신라 군은 얼마 지나지 않아 다시 군대를 이끌고 쳐들어온 설인귀에 맞서 당나라 군사들의 배 40여 척을 빼앗는 등 승리를 거두었다. 그 뒤에도 이근행이 20만 명의 군사를 이끌고 쳐들어오는 등 당나라의 공격은 계속되었지만 신라는 그때마다 모두 무찔렀다.

이렇게 신라 군은 계속 당나라 군을 몰아내면서 자연스럽게 백제의 옛 땅과 고구려의 남쪽을 차지했다. 문무왕은 이쯤에서 전쟁을 그만두고 싶었다. 그는 신라가 차지한 백제와 고구려 땅에 관리를 보내고 관청을 지어 완전히 영토로 삼은 다음 당 고종에게 편지를 보냈다.

'폐하, 두 나라 군사들이 계속 다투는 것은 좋지 않은 일입니다. 앞으로도 당나라를 섬기는 데 성의를 다할 테니 전쟁이 끝나도록 해 주십시오.'

신라 입장에서는 목표대로 삼한 땅을 차지했기 때문에 전쟁을 끝내려고 한 것이다.

하지만 설인귀의 공격은 계속 이어졌다.

"설인귀가 도림성을 차지하고 도림성 현령 거시지를 죽였다고 합니다."

문무왕은 이 소식을 듣고 어금니를 꽉 깨물며 말했다.

"어쩔 수 없구나. 설인귀의 군대를 완전히 몰아내지 않고서는 이 전쟁을 끝낼 수 없겠다. 장군 시득은 설인귀의 군대를 무찌르도록 하라."

명령을 받은 시득 장군은 676년 11월, 설인귀 군대와 20여 번이나 싸운 끝에 당나라 군사 4,000명을 죽이고 크게 승리했다. 신라 군에게 혼쭐이 난 설인귀는 당나라로 돌아갈 수밖에 없었고 당나라 군사는 평양 대동강변에서 요동 지역으로 물러났다. 이렇게 되자 신라는 대동강 아래의 한반도 땅을 모두 차지했다. 마침내 당나라를 몰아내고 삼한 통일을 온전하게 이룩할 수 있게 된 것이다.

　　이렇게 신라가 당나라와 전쟁을 벌여 삼한 땅을 찾은 것은 큰 의미가 있다. 신라는 비록 당나라와 손잡고 고구려, 백제와 전쟁을 벌였지만, 그것이 곧 신라가 당나라에 빌붙은 게 아니었음을 뜻하기 때문이다.

　　진덕여왕은 당나라 황제에게 직접 아부하는 시를 지어 올리고 무열왕은 도와 달라고 애걸복걸했지만, 결국 신라는 제 힘으로 삼한을 차지했다. 이런 사실로 볼 때, 신라가 당나라와 손을 잡은 것은 복잡하고 치열한 전쟁에서 이기기 위한 전략이었음을 알 수 있다.

삼한 통일의 영웅 김유신

　　　　　　　김유신은 가야 왕족의 후예인 서현과 만호태후(진평왕의 어머니)의 딸 만명 사이에서 태어났다. 하지만 서현과 만명은 정식으로 결혼한 부부가 아니었다. 두 사람은 남의 눈을 피해 몰래 사랑하는 사이였다.

만호태후는 이 사실을 알고 만명을 나무랐다.

"만명아, 너는 어찌해 가야 출신의 남자를 사랑하느냐? 그런 집안에는 너를 보낼 수 없으니 다시는 서현을 만나지 말아라."

하지만 만명은 만호태후의 말을 어기고 서현을 계속 만났고 그의 아이까지 가지게 되었다.

"아이를 가졌어요. 이제 어떻게 해요?"

만명이 걱정스럽게 말하자 서현이 대답했다.

"나와 함께 도망쳐서 살자꾸나. 밤중에 몰래 짐을 챙겨 나오너라."

그러나 만호태후가 두 사람이 함께 도망치기로 한 것을 눈치 채고 말았다.

"만명을 창고에 가두어라."

만명은 창고에 갇혀 도망도 가지 못하고 서현을 그리워했다. 그런데 갑자기 창고에 벼락이 치더니 문이 부서져서 만명은 서현에게 갈 수 있었다. 그렇게 해서 만명이 595년에 아이를 낳으니, 그 아이가 바로 김유신이었다.

만호태후는 그 뒤로도 오랫동안 서현을 사위로 인정하지 않았다. 그러다가 만명이 아들을 낳았다는 소식을 듣고 손자를 안아 보고 싶은 마음에 만명과 서현을 불러들였다. 손자를 품에 안은 만호태후가 말했다.

"어린아이가 인물이 뛰어나구나. 영웅의 얼굴이라고 할 수 있겠어. 너는 과연 나의 손자다."

이렇게 해서 서현은 사위로 인정받았고 김유신은 만호태후의 핏줄이라는 자부심을 가지고 자라났다. 나중에 가야파 젊은 이들이 찾아와서 도움을 청하면 김유신은 이렇게 말하곤 했다.

"나는 곧 태후의 자손인데, 어찌해 나더러 가야 사람이라고 하는가?"

김유신은 자신이 가야의 후예란 사실을 애써 부인하면서 검술과 학문을 닦았다. 그래서 열다섯 살 때 화랑에 들어갔고, 열여덟 살에는 화랑의 우두머리인 풍월주가 되었다. 하지만 가야 출신이라는 사실이 김유신의 발목을 붙잡았다. 가야 출신은 출세하는 데 한계가 있었기 때문이다.

김유신은 가야 출신이라는 한계를 넘어서기 위해 누군가의 힘을 빌려야 했다. 그가 선택한 사람은 신라 왕족인 김춘추였다. 김유신은 김춘추와 자신의 여동생을 결혼시키는 것이 가장 좋은 방법이라고 생각해 한 가지 꾀를 냈다.

김유신은 김춘추를 자기 집으로 불러 축국(축구와 비슷한 신라 시대의 운동 경기)을 하다가 일부러 김춘추의 옷을 밟아 옷고름을 찢었다. 김춘추는 찢어진 옷고름을 보자 당황스러워했다.

"이런, 옷고름이 찢어졌으니 어찌할꼬?"

김유신이 기다렸다는 듯이 말했다.

"제 여동생이 바느질을 잘하니 그 아이에게 맡겨야겠습니다."

김유신이 바느질을 맡기려 한 동생은 보희였다. 하지만 보희가 몸이 아픈 바람에 동생 문희가 대신 바느질을 했다.

사실 이 일이 있기 열흘 전, 보희와 문희 사이에는 특별한 일이 있었다.

　어느 날 이상한 꿈을 꾼 보희는 문희에게 걱정스럽게 말했다.

　"내가 어젯밤에 이상하고 부끄러운 꿈을 꾸었지 뭐니."

　"무슨 꿈인지 궁금하네요."

　"글쎄, 내가 꿈에 오줌이 마려워서 산에 올라가 오줌을 누었는데, 온 금성이 오줌으로 가득 차는 게 아니겠니? 너무 부끄러워서 혼났어."

　이 말을 들은 문희는 그것이 귀한 사람과 결혼하게 되는 꿈이라는 것을 알아차렸다.

　"언니, 그 꿈이 싫으면 저에게 파세요. 제가 비단 치마를 드릴게요."

　보희는 별생각 없이 그러자고 했다. 그리고 문희는 그 꿈을 산 지 열흘 만에 왕족 김춘추의 옷고름을 꿰맸다. 김춘추는 좁은 방에서 바느질하는 아리따운 문희와 함께 앉아 있다가 그만 그녀에게 반하고 말았다. 그 뒤로 김유신의 집을 들락거리며 문희와 사랑을 나누었다. 그러다가 문희가 김춘추의 아이를 갖게 되었다.

　김유신은 문희를 무섭게 꾸짖은 뒤 그녀가 아버지 없는 아이를 가졌다고 소문을 내고 다녔다. 물론 김춘추가 문희를 아내로 맞이할 수밖에 없도록 하기 위해서였다.

　하지만 이때 김춘추는 이미 결혼한 몸이어서 아내의 눈치를 보느라 문희를 부인으로 맞아들일 수 없었다. 그래서 김유신은 또다시 꾀를 냈다.

　　김유신은 마당에 장작더미를 쌓아 놓고 불을 질러 연기를 치솟게 했다. 아버지 없는 아이를 밴 문희를 불에 태워 죽인다는 소문을 여기저기 퍼뜨려 놓은 뒤였다. 그날은 덕만공주(선덕여왕)가 나들이를 나가는 날이었다. 김유신은 덕만공주가 연기를 볼 수 있도록 일부러 장작더미를 태운 것이었다.

　　연기를 본 덕만공주가 신하들에게 물었다.

　　"저기 연기가 많이 나는데 무슨 일이 있느냐?"

　　그러자 신하가 대답했다.

　　"아마도 김유신이 누이를 불태워 죽이는 모양입니다."

　　"도대체 무슨 까닭으로 누이를 불태워 죽인단 말이냐?"

　　"그 누이가 남편도 없이 아이를 뱄기 때문이라고 합니다."

　　"아이를 배게 한 남자가 누구라고 하더냐?"

　　그때 덕만공주 곁에 있던 김춘추는 고개를 들지 못하고 얼굴이 붉어졌다. 머리 좋은 덕만공주는 금세 눈치를 채고 말했다.

　　"네가 그랬구나. 빨리 가서 구하지 않고 무엇 하느냐?"

　　김춘추는 하는 수 없이 말을 타고 달려가 문희를 구하고는 그녀를 아내로 맞이했다. 문희는 나중에 김춘추의 첫째 부인 보량이 죽은 뒤 첫째 부인이 되었으며 김춘추가 왕이 되자 왕비 자리에 올랐다. 김유신은 신하 가운데 최고 벼슬인 상대등이 되었다. 이렇게 해서 김유신은 가야 출신의 한계를 넘어섰다.

　　하지만 김유신이 단순히 김춘추의 힘을 빌려 권력을 얻은 것은 아니었다. 그가 신라 최고의 장군이자 최고의 신하가 될 수 있었던 것은 전쟁에서 큰 공을 많이 세웠기 때문이다.

김유신은 진평왕 51년(629년) 낭비성 전투에서 고구려 장수의 목을 베어 이름을 날리기 시작했다. 또한 선덕여왕 때는 백제의 수많은 성을 공격해 승리했고 선덕여왕 말기에 일어난 비담의 반란을 막아 내 큰 명성을 얻었다. 김유신은 특히 슬기로운 전략으로 많은 수의 적을 물리치는 능력이 뛰어났다.

비담의 반란이 일어났을 때의 일이다. 비담은 당시 백성과 신하들로부터 상당한 존경을 받는 인물이어서 그와 함께하는 병사의 수가 선덕여왕 쪽보다 훨씬 많았다. 게다가 밤중에 별똥별이 떨어지자 비담의 병사들은 더욱 사기가 높아졌다.

"별이 떨어졌으니 왕이 바뀔 징조다."

"선덕여왕이 죽고 우리가 이길 거야."

그러자 김유신이 이끄는 병사들은 모두 풀이 죽고 겁에 질렸다. 이때 김유신은 허수아비에 불을 붙여 연에 매달아 밤하늘에 띄웠다. 그 모습이 마치 떨어진 별이 다시 하늘

로 솟아오르는 것 같았다. 그러고는 다음과 같은 소문을 퍼뜨렸다.

"어젯밤에 떨어진 별이 다시 하늘로 올라갔다."

그러자 비담의 병사들은 사기가 떨어지고 김유신의 병사들은 용기를 되찾았다. 김유신은 이때를 놓치지 않고 비담의 군대를 공격해 무너뜨렸으며 반란을 잠재웠다.

그 뒤 김유신은 백제와 고구려를 무너뜨리는 데 큰 역할을 하면서 신라 최고의 장수로서 이름을 더욱 높이 드날렸다.

신라 불교의 큰 스님, 원효와 의상

문무왕 때에는 신라 불교를 대표하는 두 승려인 원효와 의상이 있었다. 두 사람 모두 유명했지만 행동은 너무 달랐다.

의상은 625년에 태어나 열아홉 살에 승려가 되었으며 661년에 당나라로 유학을 갔다. 그는 당나라에 도착하자마자 유명한 승려인 지엄을 찾았다. 의상은 지엄을 스승으로 삼으려 했는데, 지엄은 의상을 만난 자리에서 이렇게 말했다.

"어젯밤 꿈에 그대가 내게 올 조짐이 보였노라."

사실 지엄은 의상이 오기 전날 꿈을 꾸었는데, 그 꿈에 신라에서 자란 큰 나무 한 그루를 보았다. 그 나무는 가지와 잎이 무성해 신라를 모두 덮고 중국까지 뒤덮었다. 나무 위에는 봉황의 둥지가 있어 올라가 보니, 용왕의 머릿속에서 나왔다는 구슬 한 개가 있어 그 빛이 온 세상에 퍼졌다.

의상은 과연 그 꿈대로 위대한 스님이 되었다. 그는 9년 동안 당나라에 머물며 불교를 배우다가 신라에 돌아와서 676년 부석사를 세워 가르침을 전하기 시작했다. 의상의 가르침을 받기 위해 전국에서 젊은 승려들이 몰려들었고 의상은 수많은 제자를 길러 전국 곳곳으로 보냈다.

의상은 가르침을 전하기 위해 제자들과 함께 부석사, 팔공산 미리사, 지리산 화엄사, 가야산 해인사, 계룡산 갑사, 금정산 범어사, 비슬산 옥천사 등 전국 곳곳에 절을 지었다. 이 절들은 오늘날까지 이름이 전해질 정도로 유명해졌다.

의상의 제자는 3,000명을 넘었으며 신라의 왕족과 귀족들이 앞 다투어 그에게 가르침을 받고자 했다. 신라 불교의 최고 스승이라고 할 수 있는 의상은 다음과 같은 가르침을 전했다.

'우주에 있는 모든 것은 홀로 있거나 홀로 작용하는 것이 없다. 모든 것은 서로 연결되어 영향을 미치며 또 다른 영향을 만들어 낸다. 그러므로 우주 만물과 모든 사람과 사물은 결국 하나로 통한다.'

의상이 수많은 절을 세우고 제자를 기르면서 신라 왕족과 귀족들의 존경을 한 몸에 받고 있을 때, 원효는 거지처럼 옷을 입고 표주박을 빙글빙글 돌리면서 춤을 추고 다녔다. 그는 아무런 거리낌 없이 거지들과 함께 어울리며 동냥을 하고 악기를 연주했으며 술을 마시고 여자들과 놀기도 했다. 그러면서 가는 곳마다 불교의 가르침을 전했다.

의상이 왕족과 귀족에게 불교를 가르치며 높은 수준의 불교 이론을 정리했다면, 원효는 일반 백성, 천민에게 쉬운 말로 불교를 전파하면서 자신만의 독특한 사상을 세웠다.

이렇게 서로 다른 의상과 원효는 본래 같은 길을 갈 뻔했다. 의상이 당나라로 유학 갈 때 원효도 함께 있었다. 두 사람은 당나라로 유학 가기 위해 길을 가다가 날이 저물어 어느 동굴에서 잠을 잤다.

원효는 자다가 밤중에 목이 말라 깨었는데, 마침 동굴에 물이 담긴 바가지가 있어 이 물을 벌컥벌컥 마시고 다시 잠이 들었다.

그런데 다음 날 아침 잠에서 깬 원효는 깜짝 놀랐다.

"아니, 이것은 해골이 아닌가?"

그가 전날 밤에 마신 물은 해골에 고여 있는 물이었다. 원효는 해골에 고인 물을 마셨다는 사실을 알고 구역질을 하다가 문득 깨달았다.

'해골에 고인 물인 줄 모르고 마셨을 때에는 그리도 달콤하더니, 이를 알게 되니까 구역질이 나는구나. 아, 진리는 멀리 있

지 않고 자기 마음속에 있구나.'

그래서 원효는 당나라 유학을 포기했다.

'어떤 것에도 거리낌이 없는 사람은 삶과 죽음에서 벗어날 수 있다.'

원효는 이런 가르침을 전하며 미치광이처럼 세상을 떠돌아다녔다.

어느 날 원효가 이렇게 외쳤다.

"누가 내게 자루 없는 도끼를 주면, 하늘을 떠받칠 기둥을 만들 것이다."

하지만 사람들은 이 말이 무슨 뜻인지 알지 못했다. 그때 무열왕이 이 말을 전해 듣고 말했다.

"이 스님이 아마도 누군가의 귀한 딸을 얻어 쓸 만한 아들을 낳고 싶은 모양이다. 큰 인물을 얻는 것보다 더 큰 복이 어디 있

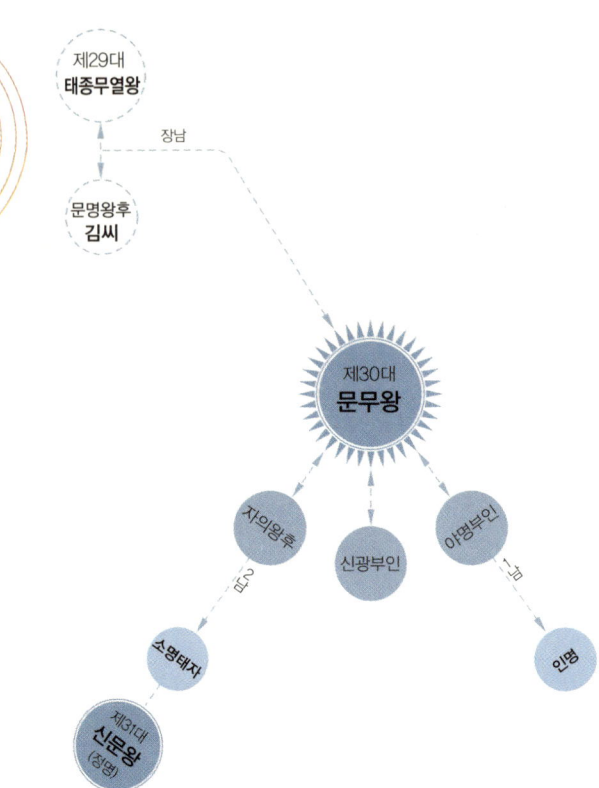

14. 설총
신문왕 때의 학자로 한자의 뜻을 빌려 우리말로 표기하는 데 쓸 수 있는 '이두'를 완성했다.

겠는가?"

　무열왕은 자신의 둘째 딸인 요석공주를 원효와 맺어 주었다. 이 두 사람 사이에서 태어난 아이가 커다란 학문적 업적을 남긴 설총[14]이다.

　원효는 설총을 얻은 뒤 승려 옷을 벗고 일반 백성의 옷을 입고 다니면서 다음과 같은 가르침을 전했다.

문무왕 수중릉

죽어서도 동해 바다의 용이 되어 나라를 지키겠다는 문무왕의 유언에 따라 해변에서 약 200미터 떨어진 바다에 능이 마련되었다.

경상북도 경주시 양북면

'모든 것은 마음에 달려 있노라.'

'깨달음을 얻으려면 어떤 것에도 얽매이지 말아야 한다.'

'세상 모든 사상이 옳지 않음이 없고 모두 이치가 통한다.'

원효가 가르친 사상은 자유였다. 또한 자유를 통해 깨달음을 얻어야 한다고 강조했다.

의상이 왕족 출신이며 우등생이었다면 원효는 왕족이나 귀족 출신도 아니고 당시 불교계에서는 문제아였다.

하지만 모든 것이 하나로 통한다는 의상의 가르침과 모든 것은 자유 속에서 이치가 통한다는 원효의 가르침은 서로 다르지 않았다. 두 사람의 가르침은 신라 불교의 수준을 세계적인 수준으로 올려놓았으며, 신라에 불교가 더욱 풍성하게 꽃필 수 있게 했다.

제31대 신문왕실록  통일 신라를 다진 신문왕

흠돌의 반란과 화랑도의 해체

문무왕이 삼한 통일을 이루자 신라 사회는 긴 전쟁을 끝내고 안정을 되찾았다. 그러나 전쟁이 끝나자 신라 안에서 권력 다툼이 시작되었다.

삼한 통일 뒤 신라 귀족 사회에서 가장 강한 힘을 가지게 된 것은 단연 김유신 세력이었다. 특히 김유신의 조카이자 사위인 흠돌은 화랑도의 우두머리인 풍월주가 되면서 세상에 두려울 것이 없어졌다.

거만하게 거들먹거리고 다니던 흠돌은 어느 날 남편을 잃고 홀로 된 '보룡'이라는 여인을 찾아갔다.

"남편도 잃고 혼자 살려니 힘들지 않소?"

흠돌은 남편을 잃은 보룡을 하찮게 여겼다. 흠돌이 탐낸 것

은 보룡의 딸 자의였다. 자의는 얼굴이 예쁘기로 소문이 자자한 여인이었다.

"자의를 내게 주면 그대의 집안도 일어서지 않겠소?"

아무리 남편을 잃었다고 해도 신분이 높은 귀족 집에 찾아와 딸을 내놓으라고 하는 것은 거만하기 짝이 없는 일이었다. 당연히 보룡 부인은 흠돌의 제안을 거절했다. 그러자 흠돌은 보룡 부인을 헐뜯고 다녔다.

그러던 어느 날 흠돌을 매우 당황하게 하는 일이 생겼다. 보룡 부인의 딸 자의가 법민태자(문무왕)의 부인이 된 것이다. 만약 법민태자가 왕이 되면 자의는 왕비가 되어 흠돌이 한 짓을 들추어내며 보복할지도 모를 일이었다.

'어허, 이거 큰일이구나. 이대로 놔두면 자의가 왕비가 될 텐데, 가만히 있을 수는 없지.'

감은사지 삼층 석탑

신문왕 2년(682년)에 세워졌으며 경주에 있는 삼층 석탑 가운데 가장 크다.

경상북도 경주시 양북면

이렇게 생각한 흠돌은 이모인 문명왕후(무열왕의 왕비)를 찾아갔다.

"왕후 마마, 자의를 태자비 자리에서 쫓아내야 합니다."

"왜 그런 말을 하느냐?"

"만약 자의가 왕후가 되어 아들이라도 낳으면 그 아들이 왕이 될 터인데, 그렇게 되면 우리 가야파는 힘을 잃을 것입니다."

문명왕후는 흠돌의 말에 고개를 끄덕였다.

"신광을 태자비로 만드는 것이 좋을 듯합니다."

신광은 김유신의 딸이었고 문명왕후에게는 조카였다. 흠돌과 문명왕후는 자의를 쫓아내고 신광을 태자비로 만들 계획을 세웠다. 하지만 문무왕이 반대해 뜻을 이루지 못했다. 그러자 흠돌은 더 속이 탔다.

문무왕은 흠돌의 속마음을 다 알고 있었다. 하지만 흠돌을 비롯한 가야파를 몰아내는 것은 쉬운 일이 아니었기 때문에 그를 달래려고 했다. 그래서 흠돌의 딸을 정명태자의 둘째 부인으로 맞아들이게 했다.

그러나 정명태자는 흠돌의 딸을 별로 좋아

하지 않았다. 흠돌은 이 사실을 알고 크게 화를 냈다.

"내 딸을 업신여기다니! 정명태자가 왕이 되도록 했다가는 우리 집안의 앞날이 밝지 않겠다."

큰 병이 든 문무왕은 흠돌이 반란을 일으킬 것 같아 걱정스러웠다. 그래서 오기 장군을 불러 말했다.

"오기 장군, 아무래도 흠돌이 반란을 일으킬 것 같으니 그대가 궁궐을 지켜 주시오."

"네, 알겠습니다."

당시 궁궐을 지키는 일은 흠돌과 같은 파인 진공이 책임지고 있었다. 오기는 진공을 찾아가 말했다.

"이제부터 그대를 대신해 내가 궁궐을 지키라는 왕의 명령을 받았소."

하지만 진공은 자리를 넘겨주지 않았다.

"왕께서 병에 걸려 누워 있는데, 어찌 중요한 일을 아무에게나 가볍게 넘겨주겠는가? 그럴 수는 없소."

그때 진공과 흠돌은 문무왕이 세상을 떠나기만 하면 곧장 군대를 끌고 가서 정명태자를 쫓아내고 또 다른 왕자인 인명을 왕으로 세울 생각이었다.

진공은 제26세 풍월주였고 흠돌은 제27세 풍월주였다. 그들은 화랑도를 이용해 반란을 일으킬 준비를 했다. 그리고 마침내 문무왕이 숨을 거두자 군사를 이끌고 반란을 일으켰다.

한편 흠돌의 반란 계획을 미리 안 오기 장군은 남몰래 병사들을 모아 궁궐로 들어갔다.

1. 신문왕 (?~692)
신라 제31대 왕(재위 기간 681~692)으로 문무왕의 둘째 아들이다. 이름은 정명이다.

"흠돌 패거리들을 모두 쫓아내도록 하라."

오기는 흠돌 편에 있는 장수들을 쫓아내고 수군을 이끌고 있는 진복에게 소식을 보냈다.

"진복 장군, 흠돌이 반란을 일으키려고 하니 군사를 이끌고 와 주시오."

오기가 궁궐을 차지했다는 소식을 들은 흠돌은 군사를 이끌고 궁궐을 포위해 버렸다. 그러자 진복 장군이 흠돌의 군사를 공격했다. 진복 장군은 흠돌의 군대를 공격하면서 이런 소문을 퍼뜨렸다.

"지금 금성 밖에 수많은 군사들이 와 있다."

그러자 반란군은 당황해 어느 편에 서야 할지 망설이기 시작했다. 그때 오기와 진복이 외쳤다.

"왕에게 충성할 사람은 오른쪽으로, 반란군을 따를 사람은 왼쪽으로 서라."

이 말을 들은 반란군이 오른쪽으로 우르르 몰려갔다. 이에 당황한 흠돌은 도망가려 했고, 오기와 진복은 이 틈을 타 반란군을 공격해 완전히 무릎을 꿇렸다.

하마터면 왕이 되지 못할 뻔한 신문왕[1]은 크게 화를 내며 명령했다.

"상대등과 병부령 벼슬에 있으면서 반란을 막지 못한 이찬은 스스로 자결하라! 반란군을 따른 놈들은 물론, 반란을 보고서도 막지 않은 놈들도 모두 처형하라!"

신문왕은 많은 신하들을 죽였지만 분이 풀리지 않았다. 특히 흠돌과 진공을 따라 적극적으로 반란을 일으킨 화랑도를 그냥 둘 수 없었다.

"이번 반란의 무리들은 거의 모두 화랑이니, 이를 그대로 둘 수 없다. 화랑도를 해체하도록 하라."

이렇게 해서 신라의 수많은 인재를 길러 내고 삼한 통일 전쟁에서 큰 공을 세운 화랑도는 불명예스럽게 사라졌다.

왕권을 강화시킨 신문왕

왕이 되기도 전에 어려운 일에 부딪힌 신문왕은 시련에 빠지는 듯했다. 그러나 반란을 일으킨 무리를 모두 처형하면서 오히려 훨씬 힘이 강해졌다.

"앞으로 나를 호위하는 장군 여섯을 두고 내가 직접 그들에게 명령을 내리겠다."

본래 왕과 궁궐을 호위하는 군사들을 지휘하는 벼슬이 따로 있었지만 신문왕은 반란 사건이 일어난 뒤 군사들을 직접 부렸다. 왕이 직접 군사를 부린다는 것은 그만큼 힘이 강해진다는 뜻이었다.

"왕을 도와 나랏일에 몸을 바쳐야 할 신하들 가운데 반란자가 나오는 일은 다시는 없어야 할 것이다. 앞으로는 관리를 뽑

천전리 서석

바위에 신라인이 남겨 놓은 글씨로 화랑들의 이름이 적혀있다.

울산광역시 두동면 천전리

는 신하 두 명을 두겠다. 그리고 이 두 명은 내가 직접 뽑으리라."

신문왕은 관리를 뽑는 일까지 직접 함으로써 힘을 더욱 크게 키웠다.

이렇게까지 하고서도 신문왕은 성에 차지 않았다. 신하들 사이에서 반란자가 나오지 못하도록 제도를 바꾸었지만 고구려와 백제 유민이 있는 지방에서도 언제 반란이 일어날지 알 수 없었다.

"보덕왕 안승을 금성으로 불러들여 벼슬을 내려라. 그리고 그에게 집과 땅을 주고 김씨 성을 내려라."

보덕왕 안승은 고구려 보장왕의 아들이었으며 고구려 유민들의 대표자였다. 신문왕은 고구려 유민과 백제 유민이 안승을 중심으로 힘을 모아 반란을 일으키는 것을 가장 두려워했다. 그 때문에 안승을 금성으로 불러들였다.

이런 신문왕의 속셈을 알아차린 것은 안승의 조카 대문이었다.

고선사지 삼층 석탑

고선사에 세워져 있던 탑으로 신문왕 때 원효대사가 고선사에 머무른 적이 있었다.

국립경주박물관 소장

"신문왕이 우리를 옭아매려고 하는구나. 보덕왕께서는 금성으로 끌려가신 것과 같다. 도저히 참을 수 없다."

화가 난 대문은 반란을 일으켰지만 곧 붙잡혀 처형되었다. 대문이 처형되었다는 소식은 고구려 유민들을 화나게 했다.

"신라 놈들이 드디어 고구려 사람들을 다 죽이려고 하는구나."

성난 고구려 사람들은 신라의 관리들을 죽이고 관청을 차지했다. 신문왕은 군대를 보내 이들을 공격하고 고구려 사람들을 남쪽으로 끌고 와서 그곳에서 살게 했다.

신문왕은 이 일이 일어난 뒤부터 지방의 행정 조직을 튼튼하게 만드는 데 큰 힘을 기울였다. 그래서 전국에 9개 주와 5개 중요 도시를 만들었다.

이것이 바로 왕이 전국을 철저하게 관리하고 다스릴 수 있게

신라사 이야기

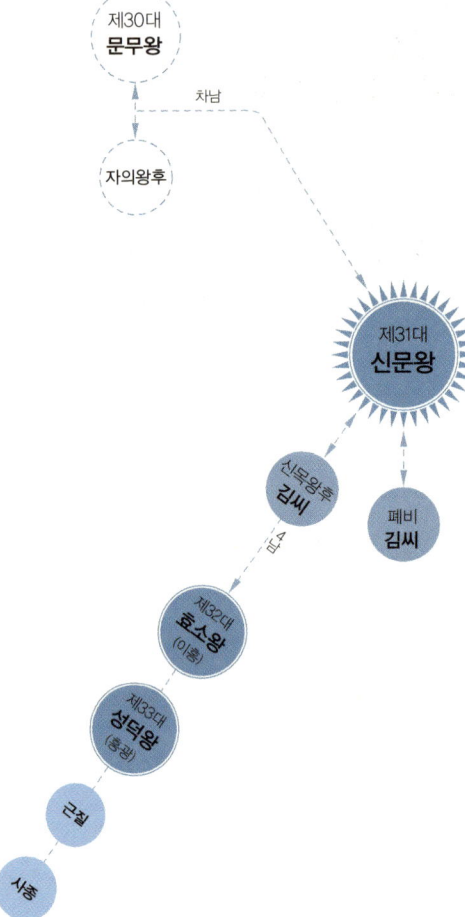

한 9주 5소경 제도다. 이 제도를 통해 본래 경상도와 강원도 지역을 다스리던 신라는 옛 백제 지역과 옛 고구려 남쪽 지역까지 질서 있게 다스릴 수 있었다.

이로써 신문왕은 반란을 딛고 일어서서 통일 신라를 다스리는 제도를 갖추고 나라를 튼튼하게 다졌다.

제32대 효소왕실록

힘센 신하들에게 눌려 지낸 효소왕

1. 효소왕 (?~702)
신라 제32대 왕(재위 기간 692~702)으로 신문왕의 맏아들이다. 이름은 이홍, 이공이다.

　신문왕은 여러 반란을 누르고 신라를 안정되고 튼튼하게 만드는 데 성공했다. 하지만 신문왕이 692년 7월에 세상을 떠나면서 왕위를 물려준 효소왕¹은 10대의 어린 아이였다.
　신문왕은 흠돌의 반란을 잠재우면서 왕에게 도전하는 신하들을 모조리 없애 버렸다. 그런데 흠돌의 반란군을 쳐부수는 데 공을 세운 신하들의 세력이 점점 커져서 어린 효소왕은 항상 신하들에게 눌려 지내야 했다.
　효소왕이 왕위에 오른 지 9년째 되는 해에는 이찬 벼슬을 하던 경영이 반란을 일으켰다가 처형되었다. 효소왕은 이 기회를 놓치지 않았다.
　'선대왕(신문왕)께서도 반란을 일으킨 무리를 몰아내면서 신하들의 힘을 누르는 데 성공하셨다. 나 또한 이 기회를 잘 이용

구황리 삼층 석탑

신문왕이 세상을 떠난 뒤 아들인 효소왕이 아버지의 명복을 빌기 위해 세운 탑이다.

경상북도 경주시 구황동

해야겠다.'

이렇게 마음먹은 효소왕은 이제까지 자신보다 더 큰 힘을 갖고 있던 신하들을 몰아내기 시작했다.

"이번 반란에 가담한 무리와 중시(신라의 최고 벼슬) 순원은 가까운 사이였다. 순원의 죄를 묻고자 하니 그의 벼슬을 내놓게 하라."

효소왕은 한 발 더 나아가 지방의 힘 있는 관리들도 손에 쥐려고 했다.

"사사로운 이익을 탐한 영암군 태수 제일을 귀양 보내라."

신하들은 효소왕이 자신들을 누르려고 하자 힘을 모아 그를 몰아낼 생각을 했다.

"왕이 죄 없는 신하들에게 마음대로 벌을 내려서야 되겠습니까?"

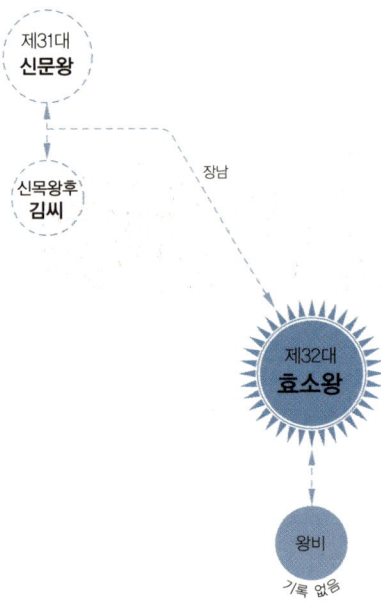

"왕의 욕심이 심한 듯하니 더 이상 참기 어렵습니다."

그러던 중 효소왕은 경영의 반란 사건을 해결한 뒤 2년 만인 702년 7월에 죽었는데, 이때 그의 나이는 겨우 20대 초반이었다. 역사에는 효소왕이 왜 세상을 떠났는지 정확히 기록되어 있지 않다. 하지만 혈기 왕성한 나이에 뚜렷한 이유도 없이 죽었다는 것은 권신(권력을 잡은 신하)들에 의해 죽음을 당했을 가능성이 있음을 뜻한다.

제33대 성덕왕실록

정치와 외교의 안정을 이룬 성덕왕

성덕왕시대의 세계 약사

중국 당나라에서는 측천무후가 690년에 권력을 잡은 이래 15년 동안 나라를 다스렸다. 국호를 주(周)라고 했다가 705년 장동지에 의해 중종이 복원되어 국호를 당으로 되돌려 놓았다.
이때 사라센은 아시아로 세력을 넓히고 스페인을 다스렸다. 또한 서고트를 무너뜨렸으며, 717년 동로마의 수도 콘스탄티노플을 포위하기에 이르렀다. 그러나 719년 비잔틴 황제 레오 3세에게 크게 졌다.

702년 효소왕이 세상을 떠나자 그의 동생인 성덕왕이 왕위에 올랐다.

그는 왕위에 오르자 다음과 같은 명령을 내렸다.

"죄가 무겁지 않은 죄수들을 모두 풀어 주도록 하라."

"모든 관리의 등급을 한 급씩 올려 주도록 하라."

"1년 동안 백성들에게서 세금을 걷지 않도록 하라."

성덕왕의 이 같은 조치는 관리와 백성들의 호응을 얻었으며, 곧 정치적 안정을 가져왔다. 또한 당나라와의 친분을 강화해 734년에는 당나라 현종에게서 패강(대동강) 이남의 땅이 신라 땅임을 확인하는 문서를 받아 내기도 했다.

이렇듯 성덕왕시대는 정치와 외교 면에서는 안정되었으나 천재지변이 잦아 백성들의 생활은 매우 어려웠다. 의박사(의사)

와 산박사(수학자)를 두는 등 인재를 길러 내는 데도 힘썼던 성덕왕은 왕위에 오른 지 36년째인 737년에 세상을 떠났다.

1. 성덕왕 (?~737)

신라 제33대 왕(재위 기간 702~737)으로 신문왕의 둘째 아들이다. 이름은 융기, 흥광이다.

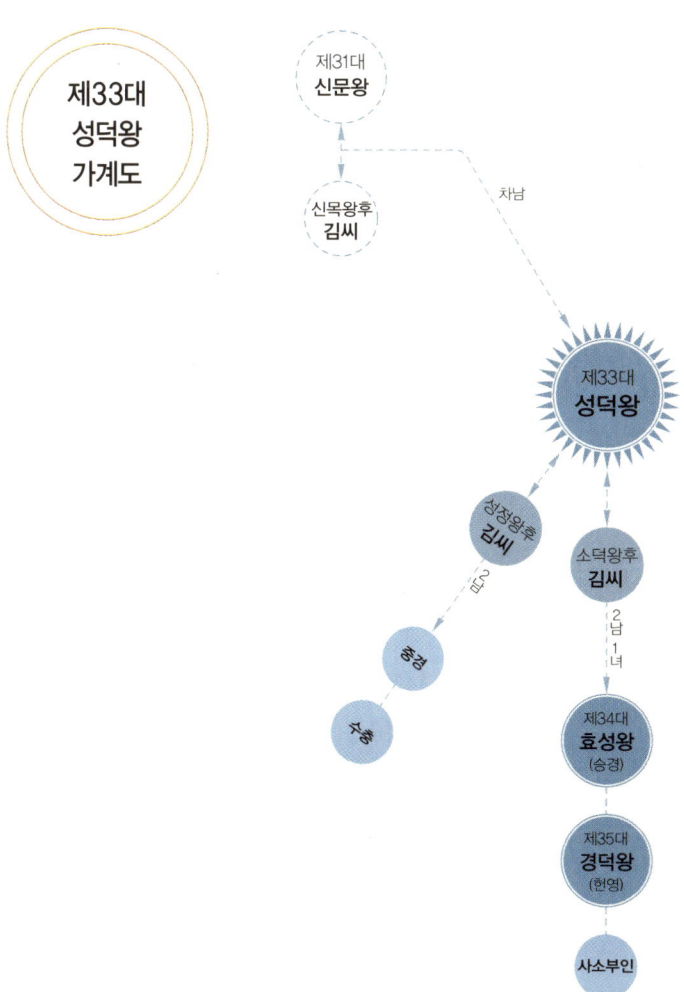

제33대 성덕왕 가계도

제34대 효성왕실록

왕권 회복을 꿈꾸다 실패한 효성왕

1. 효성왕 (?~742)
신라 제34대 왕(재위 기간 737~742)으로 성덕왕의 셋째 아들이다. 이름은 승경이다.

성덕왕의 셋째 아들로 737년 왕위에 오른 효성왕[1]은 성덕왕과 달리 신하들에게 눌려 지내려고만 하지 않았다. 당시 가장 힘이 센 신하는 효소왕에게 한 번 쫓겨났던 적이 있는 순원이었다. 순원은 성덕왕은 물론 효성왕의 왕비 자리까지 자신의 딸들이 차지하도록 하면서 최고의 권력자가 되었다.

'이 나라의 왕은 내가 아니라 순원이 아니냐? 순원과 그 무리들을 어찌해야 좋을꼬?'

마음속으로 순원을 미워하던 효성왕은 왕비였던 순원의 딸 혜명도 그리 좋아하지 않았다. 그리고 순원 세력이 아닌 영종의 딸을 맞아들여 그녀를 아껴 주었다. 그 때문에 왕비 혜명은 질투심에 불탔다.

"왕이 나를 외면하고 영종의 딸에게만 마음을 주다니!"

혜명은 영종의 딸을 죽이려고 했고, 이 때문에 신하들은 영종파와 순원파로 갈라져 다투었다. 효성왕은 드러내 놓고 영종을 편들지는 못했지만 마음속으로 응원했다.

효성왕은 영종을 조용히 불러 말했다.

"그대가 곁에 있어 참으로 든든하오. 계속 나를 도와 나라를 돌봐 주시오."

효성왕이 자신의 편을 들자 영종은 큰 결심을 했다.

'왕께서 나를 믿어 주시니 이 기회에 순원과 그 무리를 아예 쓸어 버려야겠다.'

영종은 세력을 모아 순원을 쫓아내려고 했다. 하지만 순원과 그 무리는 한발 앞서 영종 편 신하들을 모조리 쫓아내 버렸다.

영종 세력이 다 쫓겨나자 효성왕의 힘은 더욱 약해졌다. 그 뒤로 순원과 그 무리들의 힘은 더욱 커졌고 왕권은 모두 순원 일파가 손에 쥐었다. 효성왕은 완전히 허수아비 왕이 된 것이다.

효성왕은 그로부터 채 2년도 되지 않은 해인 742년 5월에 세상을 떠났다. 자신의 죽음을 미리 안 효성왕은 다음과 같은 유언을 남겼다고 한다.

"내가 죽으면 동해에 뼈를 뿌려라."

효성왕의 유언에 따라 그의 시신은 화장되었고, 유골은 동해에 뿌려졌다.

효성왕시대에는 중요한 문화적 사건이 하나 있었다. 그것은 노자의 《도덕경》이 수입된 일이다. 성덕왕의 죽음을 조문하기

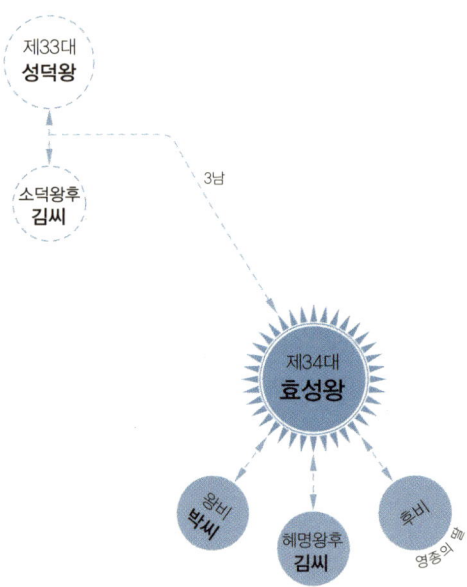

위해 신라에 온 당나라 관리가 《도덕경》을 효성왕에게 바쳐 우리나라에 처음으로 '도교'가 들어오게 되었다.

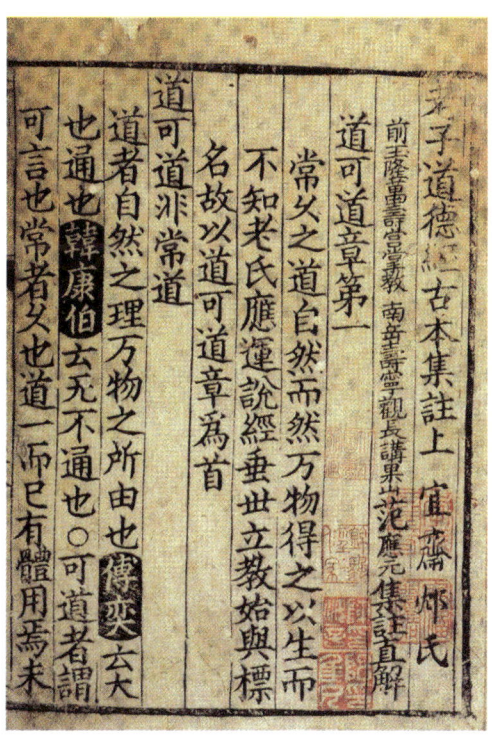

도덕경

중국의 사상가 노자가 지은 것으로 알려진 책이다. 약 5000자, 상하 2편으로 되어 있으며 노자의 도가사상에 대한 내용을 담고 있다.

중국

노자 초상

소를 타고 가는 노자의 모습이다.

중국

제35대 경덕왕실록

왕권을 되찾고 개혁을 이룬 경덕왕

제도를 개혁하다

경덕왕[1]은 성덕왕의 넷째 아들로 효성왕의 동생이기도 하다. 742년 5월 효성왕이 세상을 떠나자 왕위에 올랐다. 경덕왕은 자신의 형이 신하들에게 휘둘리다 젊은 나이에 죽는 것을 보았기 때문에 이런 생각을 했다.

'왕이 제 힘을 가지지 못하면 나 또한 형처럼 비참하게 죽을 수 있다.'

경덕왕은 왕권을 되찾기 위해 어떻게 해야 할지 골똘히 생각했다. 그러다 747년 왕권을 되찾기 위한 방법으로 신라의 관리들을 감시하는 벼슬인 정찰을 만들었다.

"박사들을 더 늘려 나라를 강하게 하리라."

경덕왕은 천문 박사와 누각 박사[2] 등을 뽑았는데, 이는 성덕

경덕왕시대의 세계 약사

중국 당나라에서는 현종이 양태진을 귀비로 삼은 이래 안녹산의 힘이 강화되었고, 결국 755년 안녹산이 반란을 일으켰다. 756년에는 안녹산이 양귀비를 죽이고 현종을 촉으로 내쫓았다. 그러나 이듬해 안녹산이 죽고 곽자의에 의해 서경이 회복되어 수습 국면에 접어들었다.
이때 동로마 함대는 사라센 해군을 무찌르고 키프로스 섬을 되찾았다. 이후 사라센 제국은 내분을 겪으며 동서로 나누어졌다. 프랑크에서는 피핀이 쿠데타를 일으켜 메로빙거 왕조를 무너뜨리고 카롤링거 왕조를 일으켰다.

왕 때 생긴 산박사(수학 박사), 의박사(의학 박사)에 더해진 것이었다.

"전문적인 지식을 가진 박사들에게 나랏일을 돕게 하면 전문 지식이 없는 귀족들은 힘을 잃을 것이다. 전문가들을 나랏일에 쓰는 것은 한나라, 당나라에서 유학의 가르침에 따라 이미 해 보았던 일이다. 이로써 왕이 제 힘을 되찾을 수 있을 것이다."

경덕왕은 귀족들과 직접 싸우지 않고 왕권을 강화하는 방법을 찾은 것이다. 효성왕이 순원과 같은 귀족 세력을 없애려고 영종을 내세웠다가 실패한 사실을 잘 알고 있는 경덕왕은 제도를 새롭게 해 왕권을 되찾으려고 했다.

하지만 경덕왕의 이런 속마음을 귀족들이 모를 리 없었다. 경덕왕의 제도 개혁이 이루어질 때마다 귀족들은 불만스럽게 떠들어 댔다.

"왕이 우리를 못 잡아먹어서 안달이 난 것 같습니다."

"나랏일은 박사들에게 다 맡기니, 우리더러 물러나라는 것 아닙니까?"

"중국 황제들처럼 강한 힘을 갖고 싶다는 것 아니겠습니까?"

급기야 신라 귀족 세력을 대표하는 상대등 김사인은 경덕왕을 직접 공격하기 시작했다. 756년 그는 경덕왕을 비판하는 상소를 올렸다.

"지금 하늘과 땅이 노해 나라에 가뭄과 흉년이 그치지 않으니, 이는 모두 왕께서 책임지셔야 할 일입니다."

실제로 당시 신라에는 가뭄과 흉년이 이어지고 전염병이 돌

---

1. 경덕왕 (?~765)
신라 제35대 왕(재위 기간 742~765)으로 성덕왕의 넷째 아들이다. 이름은 헌영이다.

2. 누각 박사
신라시대에 시각을 측정하는 전문 기술자를 말한다.

고 우박과 폭풍이 몰아닥치는 등 자연재해가 그치지 않았다. 귀족 세력이 이를 빌미로 왕을 공격하고 나서자 경덕왕도 한 걸음 뒤로 물러날 수밖에 없었다.

"내가 덕이 부족해 나라에 어려움이 찾아드니, 겸손한 마음으로 덕을 쌓도록 하겠소."

만약 경덕왕이 물러서지 않았다면 귀족 세력에게 죽음을 당할 수도 있는 일이었다. 이를 잘 아는 경덕왕은 잠시 개혁을 멈추고 때를 기다렸다.

경덕왕이 벼르던 때는 머지않아 찾아왔다. 757년 귀족 세력의 대표인 상대등 김사인이 병이 나서 벼슬을 내놓고 물러났기 때문이다. 경덕왕은 이 기회를 놓치지 않고 다시 개혁을 시작했다.

"신충에게 상대등의 임무를 맡기겠다."

경덕왕은 상대등을 자신이 직접 뽑고 신라의 제도를 과감하게 뜯어 고치기 시작했다.

"관리들의 월급을 없애고 대신 땅을 내리도록 하라."

관리들은 월급 대신 땅을 받는 것이 더 이익이었다. 하지만 관리의 충성심에 따라 땅을 내렸으니 왕의 권력이 더 커질 수 있었다. 경덕왕은 바로 이 점을 노렸다.

"60일 넘게 휴가를 얻은 사람은 관직에서 물러나게 하라. 또한 법을 연구하는 율령 박사를 두 명 뽑아서 나랏일을 돕게 하라."

이어서 경덕왕은 세금을 걷는 관리를 따로 뽑아 세금을 더 많이 걷을 수 있게 했으며, 전국의 지방 행정 조직을 다듬어 왕의 명령이 더 빨리 전달되도록 했다. 그리고 759년에는 관청과 관리의 이름을 중국식으로 바꾸어 왕의 권위를 강하게 했다.

경덕왕은 왕위에 오른 지 10여 년 만에 강력한 왕권을 쥐었다. 이는 경덕왕의 치밀하고도 신중한 전략 덕분이었다.

왕을 꾸짖은 신하 이순

신라의 귀족 세력과 직접 싸우지 않고 제도를 개혁해 꾸준하게 왕권을 강화하는 데 성공한 경덕왕은 10여 년 만에 강력한 왕이 되어 마음을 놓을 수 있었다. 이제 왕에게 쉽게 도전할 수 있는 세력은 없었다. 이렇게 되자 경덕왕은 마음이 조금씩 풀어지기 시작했다.

"대궐 안에 멋진 연못을 만들어서 뱃놀이도 하고 낚시도 즐겨야겠다. 미인들을 뽑아 올려 술자리도 만들고 풍악을 울리며 춤도 추게 하라."

경덕왕은 대궐 안에 다리를 놓게 하고 성덕왕을 기리는 커다

란 종도 만들게 했다. 대궐 안에서는 날마다 술자리가 벌어지고 풍악이 울렸다. 왕권을 되찾은 경덕왕은 이제 한가롭게 놀기만 했다.

이를 안타깝게 여긴 신하가 있었으니, 그는 '이순'이라는 사람이었다. 본래 이순은 경덕왕의 신하로 있다가 어느 날 갑자기 벼슬을 내놓고 산으로 들어가 승려가 되었다. 이순을 몹시 아낀 경덕왕은 이를 마음 아파했다.

"이순은 도대체 어디에 있느냐? 이순과 같이 충성스럽게 나를 도와준 신하가 드물거늘, 그는 어찌하여 갑자기 내 곁을 떠났을꼬?"

경덕왕은 나라 곳곳에 사람을 보내 이순을 찾게 했다. 하지만 이순은 세상을 등지고 산속에 들어가 어떤 벼슬도 마다했다. 그는 헛된 욕심도 없고, 자신의 이익보다는 나라와 왕을 걱정했다.

　이순은 경덕왕이 그토록 찾을 때는 나타나지 않다가, 경덕왕이 대궐 안에서 술판을 벌이고 노는 데만 정신이 팔려 있을 때 비로소 나타났다. 그는 경덕왕 앞에 나아가 말했다.

　"제가 듣건대, 옛날 걸주(하나라의 걸왕과 은나라의 주왕을 아울러 이르는 말)가 여자와 술에 빠져 못난 짓을 일삼다가 나라를 망하게 했습니다. 엎드려 바라옵건대, 대왕은 잘못을 고치고 자신을 새롭게 바꿔 나라를 위해 힘쓰시옵소서."

　경덕왕은 갑자기 찾아와 쓴소리를 하는 이순을 가만히 쳐다보았다. 누구도 도전할 수 없는 힘을 가진 왕들이 이런 신하를 단칼에 죽이는 것은 역사에 흔한 일이었다. 하지만 이순은 조금도 겁내지 않고 말을 이어 갔다.

　"대왕이시여, 지금 당나라에서는 나라를 옳게 이끌어야 할 사람들이 헛된 욕심에 빠져 살다가 나라를 망쳐 놓고 있습니다. 다른 나라가 잘못된 것을 보고 따라갈 것이 아니라 교훈을 얻어 나랏일을 옳게 이끌어야 할 것입니다. 부디 현명했던 대왕의 모습을 다시 찾으시옵소서."

　경덕왕은 이순의 말이 끝나자 호탕하게 웃으며 말했다.

　"그대의 말이 옳도다. 그대야말로 진정으로 충성스러운 신하로다. 그대의 말을 듣고 내가 크게 반성했다. 이제 대궐에서 술과 풍악은 걷어치우도록 하겠다."

　경덕왕은 덧붙여 말했다.

　"그대와 같은 훌륭한 신하가 항상 내 곁에서 가르침을 주어

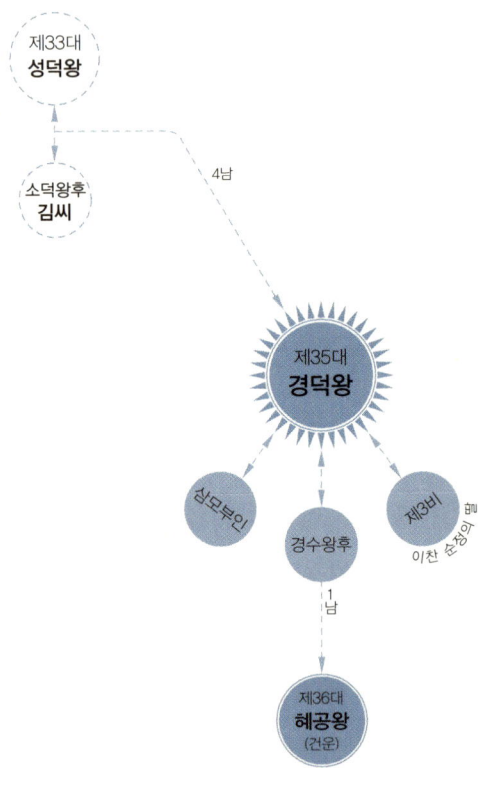

야 할 것이다. 그대는 지금부터 세상을 다스리는 방법과 우주의 이치에 대해 말하라."

경덕왕은 며칠 동안 이순의 강의를 들으며 깊은 가르침을 얻었다. 이후 경덕왕은 나랏일을 돌보며 신라를 흔들림 없이 이끌어 나갔다.

성덕 대왕 신종
우리나라에 남아 있는 가장 큰 종으로, 경덕왕 때 만들기 시작해 혜공왕 때 완성되었다. 에밀레종이라고도 하며, 종을 만들 때 아기를 넣었다는 전설이 깃들어 있다.

국립경주박물관 소장

신라사 깊이 읽기

신라의 역사가 기록된 사료에는 어떤 것이 있을까?

신라 역사를 기록한 사료는 크게 한국 사료와 중국 사료, 일본 사료로 나누어집니다.

한국 사료

먼저 한국 사료를 살펴보면 《삼국사기》, 《삼국유사》, 《화랑세기》 등이 대표적입니다.

《삼국사기》: 고려 제18대 인종 23년인 1145년에 김부식을 비롯한 11명의 학자들이 지은 삼국시대의 역사책입니다. 왕을 중심으로 한 정치사를 다룬 〈본기〉와 주요 인물들을 다룬 〈열전〉으로 편찬되었으며 모두 50권으로 이뤄졌습니다. 이를 자세히 나누어 보면 고구려 본기 10권, 백제 본기 6권, 신라 본기 12권의 28권과 본기 지류 9권, 연표 3권, 열전 10권입니다. 신라 역사를 중심으로 편찬된 이 책은 1174년 송나라에 보내졌다는 기록으로 봐서 당시 큰 나라로 성장한 금나라에도 보내졌을 것으로 여겨집니다.

《삼국유사》: 고려 제25대 충렬왕 7년인 1281년에 승려 일연이 지었으며 모두 5권 2책으로 이루어져 있습니다. 또한 권 구성과는 별도로 왕력, 기이, 흥법, 탑상, 의해, 신주, 감통, 피은, 효선의 9편목으로 이루어져 있습니다. 왕력은 삼국, 가락, 후고구려, 후백제 등의 간략한 연표이며, 기이 편

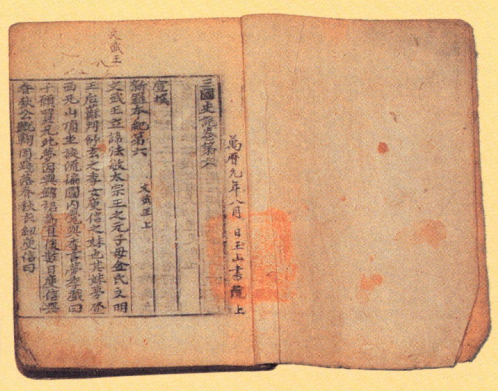

《삼국사기》
개인 소장

은 고조선에서부터 후삼국까지의 단편적인 역사를 57항목으로 써 내려갔습니다. 흥법 편은 삼국이 불교를 받아들이는 과정과 발전을 다룬 6항목, 탑상 편은 납과 불상에 대해 다룬 31항목, 의해 편은 고승들의 전기 14항목, 신주 편은 신라 밀교 승려에 대한 3항목, 감통 편은 신앙에 대한 10항목, 피은 편은 해탈의 경지에 이른 인물의 행적 10항목, 효선 편은 효도와 착한 일에 대한 이야기 5항목이 각각 실려 있습니다.

《화랑세기》: 제1세 풍월주 위화랑의 후손인 김대문이 화랑도의 우두머리 풍월주들의 전기를 기록한 책입니다. 진흥왕시대의 제1세 풍월주 김위화랑 전기부터 제32세 풍월주 김신공 전기까지 약 240년에 걸친 화랑도의 역사를 다루었습니다. 이 책에는 풍월주의 전기뿐만 아니라, 당시의 풍속과 생활 모습이 고스란히 담겨 있어 신라 사회를 이해하는 데 큰 도움을 줍니다. 《화랑세기》는 680년대에 쓰여진 것으로 보이는데, 김대문이 704년 한산주 도독으로 있으면서 《고승전》, 《악본》, 《한산기》, 《계림잡

전》 등과 함께 지었다고 전해집니다. 불행히도 위의 책들은 전해지지 않으며 《화랑세기》도 1989년 필사본이 발견되기 전까지 그 존재가 드러나지 않았습니다.

지금까지 박창화가 필사한 《화랑세기》에 대한 진위 논쟁이 계속되고 있으나, 필자가 필사본을 자세히 검토한 결과 진본임을 확신하고 이 책을 쓰는 데 중요한 사료로 삼았습니다.

중국 사료

중국 역사책 가운데에서 신라의 역사를 다룬 책은 매우 다양합니다. 사마천의 《사기》에서부터 《한서》, 《후한서》, 《삼국지》, 《진서》, 《송서》, 《남제서》, 《양서》, 《위서》, 《남사》, 《북사》, 《수서》, 《구당서》, 《신당서》, 《구오대사》, 《신오대사》 등입니다. 하지만 이 책들에 나오는 신라사는 아주 부분적이고 양 또한 적습니다.

《사기》: 한나라 무제 때 태사공 사마천이 지은 책으로 황제부터 무제 초기인 기원전 101년까지 2,600여 년의 중국 역사가 실려 있습니다. 모두 130권으로 본기 12권, 표 10권, 세가 30권, 열전 70권 등으로 이루어져 있습니다. 사마천은 사관이던 아버지 사마담의 유언에 따라 기원전 104년을 전

후해 책을 쓰기 시작했으며, 그 과정에서 모반에 연루되어 궁형을 당하기도 했지만 13년 뒤인 기원전 91년 초고를 완성했습니다. 이 책의 원래 이름은 《태사공기》였는데 후한 말기에 이르러 '사기'로 불리게 되었습니다.

《한서》: 후한(동한) 명제 때 반고가 지은 서한의 역사책으로 한고조 유방이 한(서한)을 세운 기원전 206년부터 왕망의 신나라가 몰락한 24년까지 모두 229년 동안의 역사가 실려 있습니다. 모두 120권으로 본기 12권, 연표 8권, 지 10권, 열전 70권으로 이루어져 있습니다.

《후한서》: 남북조시대 송나라의 범엽이 지은 책으로 후한(동한) 14대 194년 동안(25~219년)의 역사가 실려 있습니다. 모두 120권으로 본기 10권, 지 30권, 열전 80권으로 이루어져 있습니다. 이 가운데 지 30권은 범엽이 완성하지 못하고 세상을 떠나자 양나라 사람 유소가 마저 지은 것입니다.

《삼국지》: 진나라의 진수가 지은 책으로 삼국시대(220~265년) 45년 동안의 역사가 실려 있습니다. 모두 65권으로 위지 30권, 촉지 15권, 오지 20권으로 이루어져 있습니다. 책 이름은 진수가 직접 지었으며, 삼국 가운데 위나라를 정통으로 삼아 써 내려갔습니다. 이 때문에 정통 문제에 대한 시비가 일었는데, 명나라 때 나관중은 소설 《삼국지연의》를 통해 촉한을 정통으로 내세우며 진수의 사관을 반박했습니다.

《진서》: 당나라 태종 때의 이연수 등 20여 명의 학자들이 지은 책으로 서진의 4대 51년 동안(265~316년)의 역사와 동진의 11

대 101년 동안(317~418년)의 역사가 실려 있습니다. 모두 130권으로 제기 10권, 지 20권, 열전 70권, 재기 30권으로 이루어져 있습니다.

《송서》: 남조 제나라 무제 때인 488년에 심약이 지은 책으로 송나라 8대 59년 동안(420~479년)의 역사가 실려 있습니다. 모두 100권으로 제기 10권, 지 30권, 열전 60권으로 이루어져 있습니다.

《남제서》: 남조 양나라 때 소자현이 지은 책으로 남제 7대 23년 동안(479~502년)의 역사가 실려 있습니다. 모두 60권으로 자서 1권, 본기 8권, 지 11권, 열전 40권으로 이루어졌으나 자서 1권은 당나라시대에 없어져 59권만 전해집니다. 이 책은 단초와 강엄이 완성한 《제사》의 지와 오균의 《제춘추》를 자료로 삼아 완성했습니다. 원래는 《제서》였으나 《북제서》와 구분하기 위해 송나라시대에 와서 《남제서》로 이름을 바꾸었습니다.

《양서》: 당나라 태종 때인 636년경 요사렴이 지은 책으로 양나라 4대 55년 동안(502~557년)의 역사가 실려 있습니다. 모두 56권이며 본기 6권, 열전 50권으로 이루어져 있습니다. 이 책은 원래 요찰이 편찬하려고 했으나 완성하지 못하고 세상을 떠나자 그의 아들 요사렴이 아버지의 유업을 받들어 편찬했습니다.

《위서》: 북제 문선제 때인 554년경 위수가 편찬한 것으로 북위 건국에서부터 동위 효정제까지 164년 동안(386~550년)

의 역사가 실려 있습니다. 모두 130권으로 제기 14권, 열전 96권, 지 20권으로 이루어져 있습니다. 이 책을 만드는 데는 위수 이외에도 방연우, 신원식 등 다섯 명이 참여했습니다.

《남사》: 당 태종 때인 640년경 이연수가 지은 책으로 남조의 송·제·양·진 4대 169년 동안(420~589년)의 역사가 실려 있습니다. 모두 80권이며 본기 10권, 열전 70권으로 이루어져 있습니다. 이 책은 원래 이연수의 아버지 이대사가 계획했는데 뜻을 이루지 못하고 세상을 떠나자 이연수가 유업을 이어 편찬한 것입니다.

《북사》: 당 태종과 고종 연간인 640~650년에 이연수가 지은 책으로 북조의 북위·북제·북주·수 등 4대 232년 동안(386~618년)의 역사가 실려 있습니다. 모두 100권이며 본기 12권, 열전 88권으로 이루어져 있습니다.

《수서》: 당 태종 연간인 630년경 위징 등이 지은 책으로 수나라 37년 동안(581~618년)의 역사가 실려 있습니다. 모두 85권으로 제기 5권, 열전 50권, 지 30권으로 이루어져 있습니다.

《구당서》: 오대 후진의 출제 연간인 945년에 유구 등이 왕의 명령을 받들어 지은 책으로 당나라 289년 동안(618~907년)의 역사가 실려 있습니다. 모두 200권이며 본기 20권, 지 30권, 열전 150권으로 이루어져 있습니다.

《신당서》: 송나라 인종 연간인 1044~1060년에 구양수 등이 왕의 명령을 받들어 지은 책으로 당나라 289년 동안의 역사가 실려 있습니다. 모두 225권이며 본기 10권, 지 50권, 표 15권,

열전 150권으로 이루어져 있습니다.

《구오대사》: 송나라 태조 연간인 974년 설거정 등이 왕의 명령을 받들어 지은 책으로 후량·후당·후진·후한·후주 등 5대 53년 동안(907~960년)의 역사가 실려 있습니다. 모두 150권이며 본기 61권, 열전 77권, 지 12권으로 이루어져 있습니다.

《신오대사》: 송나라의 구양수가 《구오대사》의 결점을 보완하기 위해 지은 책으로 5대 53년 동안의 역사가 실려 있습니다. 모두 74권이며 본기 12권, 열전 45권, 고 3권, 세가 10권, 세가 연보 1권, 사이 부록 3권으로 이루어져 있습니다.

일본 사료

일본 사료 가운데에서 신라사를 다루고 있는 대표적인 책은 《일본서기》와 《일본고사기》입니다.

《일본서기》: 일본 관청에서 지은 역사책으로 신화시대부터 지통왕까지의 역사를 연대 순으로 서술한 편년체로 기록했습니다. 처음에는 《일본기》로 불리다가 뒷날 이름이 바뀌었습니다. 《속일본서기》에는 720년 사인친왕 등이 일본기 30권, 계도 1권을 편찬했다고 기록되어 있으나 계도는 전해지지 않습니다. 또한 황당무계한 내용이 많아 역사책으로서

《일본서기》

일본의 대표적인 역사서인 일본서기의 한 부분이다. 성덕태자와 관련된 기록을 찾을 수 있다.

일본 나라국립박물관 소장

의 신뢰를 얻지 못하고 있습니다.

　《일본고사기》: 712년경에 만들어진, 일본에서 가장 오래된 책입니다. 전체 내용은 상·중·하로 이루어져 있는데, 상권은 주로 신들의 활약을 다룬 신화시대를, 중권과 하권은 일본의 초대 왕인 신무왕부터 추고왕까지를 다루고 있습니다. 이 책에는 한국 신화와 비슷한 신화가 많이 실려 있어 한국의 신화 연구에 큰 도움을 주고 있습니다.

제36대 혜공왕실록

반란군에게 목숨을 잃은 혜공왕

1. 혜공왕 (758~780)
신라 제36대 왕(재위 기간 765~780)으로 경덕왕의 맏아들이다. 이름은 건운이다.

2. 경수태후 (?~?)
각간 의충의 딸로 743년 경덕왕의 왕비가 되었으며 758년 혜공왕을 낳았다.

　혜공왕[1]은 경덕왕의 맏아들로 765년 경덕왕이 세상을 떠나자 왕위에 올랐는데, 이때 그의 나이는 여덟 살이었다. 그래서 어린 왕을 대신해 혜공왕의 어머니 경수태후[2]가 나랏일을 돌보았다.

　경덕왕은 제도를 고쳐 신하들의 힘을 누르고 강한 권력을 잡았지만 어린 혜공왕이 왕위에 오르자 사정이 달라졌다. 신하들이 다시 세력을 모아 왕을 위협하기 시작했기 때문이다.

　"경덕왕이 죽었으니 이제 다시 세력을 일으켜야 하지 않겠습니까?"

　"아마도 힘깨나 있는 귀족들은 앞 다투어 힘을 모으고 있을 것입니다."

　"좋은 기회를 엿보다가 군사를 일으켜 우리 가문이 나라를 차지하도록 합시다."

이러한 음모는 경덕왕에게 눌려 지내던 귀족 세력 사이에서 알게 모르게 퍼져 나갔다. 그리고 이들을 돕기라도 하듯 이상한 일들이 생기기 시작했다.

"하늘에 해가 두 개 떠서 백성들이 두려움에 떨고 있습니다."

혜공왕을 대신해 나랏일을 돌보던 경수태후는 이 말을 듣고 밖으로 뛰어나가 하늘을 보았다. 그 말대로 하늘에 태양이 두 개 떠 있었다. 이를 본 경수태후가 두려움에 몸을 떨었다.

"이게 도대체 무슨 일인가? 어떻게 해가 두 개나 떴는지는 모르겠지만, 분명 왕에게 책임을 물으려 하는 사람들이 생길 것 같구나."

경수태후의 걱정대로 사람들은 왕에게 덕이 없어 하늘이 화가 났다고 생각했다. 경수태후는 혜공왕이 왕위에 오르자마자 일어난 불길한 일을 덮어 버리기 위해 명령을 내렸다.

"죄가 아주 무거운 자들만 빼고 온 나라의 죄수를 모두 풀어 주어 백성을 달래도록 하라."

하지만 불길한 일은 또 일어났다.

"양리공의 암소가 새끼를 낳았는데, 다리가 다섯이라고 합니다. 그리고 그 가운데 하나는 위로 치솟아 있다고 해, 사람들 사이에서 이상한 말이 돌고 있습니다."

경수태후는 불안한 마음으로 물었다.

"이상한 말이라니? 도대체 무슨 말이냐?"

"다리가 다섯인 것은 다섯 번의 반란이 일어난다는 뜻이라고

하옵니다. 또 그 가운데 하나가 위로 치솟아 있는 것은 다섯 번째 일어난 반란으로 왕이 바뀔 것이라는 뜻이라고 합니다."

"뭣이? 도대체 어떤 놈들이 그런 소문을 퍼뜨리고 다니는 것이냐?"

경수태후는 화를 내며 소리쳤지만 이상한 일은 계속되었다. 강주에서 땅이 내려앉아 너비가 50여 척이나 되는 연못이 생겼으며, 물빛이 검푸르게 되는 사건이 일어났다. 또 767년에는 지진이 일어나기도 했다.

경수태후는 이런 불길한 징조를 떨쳐 버리기 위해 명령했다.

"이찬 김은거[3]는 지금 당장 당나라로 가서 황제를 만나 신라

3. 김은거 (?~775)
통일신라 때의 문신으로 775년 난을 일으켰다가 죽음을 당했다.

에 새 왕이 세워졌다는 사실을 아뢰고 오라."

당시 신라는 당나라를 섬기고 있었기 때문에 왕이 새로 들어서면 당나라 황제가 이를 정식으로 인정하는 증명서를 내리곤 했다. 이는 왕의 자리가 불안한 것을 한시바삐 바로잡기 위해서였다.

이렇게 해서 768년 당나라 황제는 정식으로 혜공왕을 인정하는 문서를 보내왔다. 하지만 황제의 문서가 도착하자마자 마치 하늘이 이를 반대하기라도 하듯 서라벌에 벼락이 치고 우박이 쏟아졌다. 또 큰 별이 황룡사 남쪽에 떨어졌고 지진이 일어났으며 호랑이가 대궐에 들어와 난리를 피우기도 했다.

이렇게 혼란스럽고 불안한 분위기 속에서 드디어 반란을 계획한 무리들이 고개를 들기 시작했다.

"형님, 때가 되었습니다. 이상한 일이 계속 일어나 백성들은 왕을 원망하고 있습니다. 지금이야말로 혜공왕을 죽이고 왕위를 차지할 때입니다."

이찬 대렴이 눈을 번뜩이며 말하자 그의 형인 일길찬 대공이 대답했다.

"나도 같은 생각이다. 군사들을 이끌고 대궐로 쳐들어가자."

대공과 대렴은 768년 7월 반란을 일으켰고 반란군은 33일 동안이나 왕궁을 포위하고 전쟁을 벌였다. 다행히 지방 군대가 모여들어 이들을 물리쳤지만 이것은 반란의 시작일 뿐이었다.

770년 8월 김융이 반란을 일으키다 실패했고, 775년 6월 김은거가 세 번째 반란을 일으켰다. 그리고 8월에는 염상이 시중

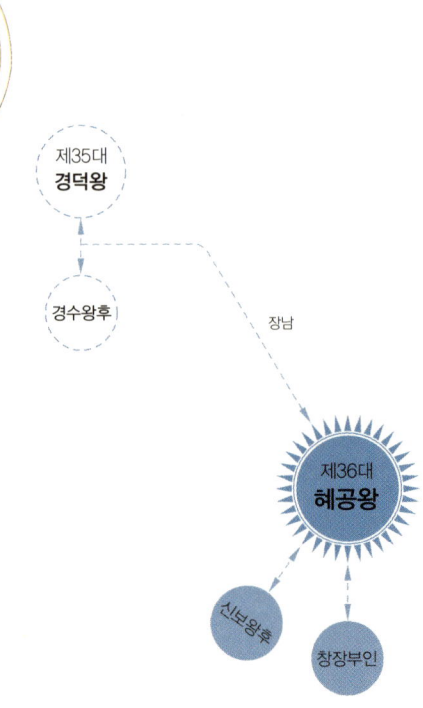

정문과 함께 반란을 꾸미다가 처형되었다.

혜공왕은 잦은 반란 속에서 세월을 보내면서 어렵게 왕위를 지켰다. 그러다가 어른이 되자 나랏일에는 힘쓰지 않고 술과 여자에 빠져 살았다.

이때 신하들은 두 편으로 갈라져 싸우고 있었다. 한쪽은 상대등 김양상 세력이었고, 다른 한쪽은 이찬 지정의 세력이었다. 혜공왕은 둘 가운데 지정 편을 들었다.

780년 2월 지정은 양상파를 완전히 몰아내기 위해 아랫사람들을 불러 모았다.

"김양상과 그 세력을 모두 없애 버려야 나라가 평화로울 듯하다. 군사를 일으켜 저들을 몰아내고자 하니, 그대들의 의견은 어떠한가?"

"왕께서는 어찌하신다고 합니까?"

"왕은 우리 편이다."

"좋습니다. 김양상과 그 무리를 없애도록 합시다."

지정파와 양상파 사이에서 일어난 전쟁은 혜공왕을 어려움에 빠뜨릴 다섯 번째 반란으로 이어졌다.

"지정이 군사를 일으켜 대궐을 차지했다고 합니다."

김양상은 이 말을 듣고 주먹을 부르르 떨며 말했다.

"지정이 왕을 허수아비로 만들고 권력을 차지할 속셈이군. 그렇다면 분명히 나를 죽이려 들 것이다."

김양상은 군사를 모아 4월에 지정을 공격해서 치열한 전투 끝에 승리를 거두었다. 김양상이 혜공왕을 어떻게 처리할 것인지 묻자 장군들이 입을 모아 말했다.

"왕은 사실 지정과 한패가 아닙니까? 이 기회에 왕을 죽이고 새로운 왕을 세워야 합니다."

이렇게 해서 혜공왕은 반란군에게 목숨을 잃은 비운의 왕이 되었다. 이때 혜공왕의 나이는 겨우 스물세 살이었다.

제37대 선덕왕실록

혜공왕을 죽이고 왕이 된 선덕왕

혜공왕을 죽인 양상파 신하들은 김양상을 찾아가 말했다.

"하루빨리 나라를 바로잡고 백성을 평안케 하려면 상대등께서 왕위에 오르셔야 합니다."

김양상은 선뜻 이 제안을 받아들이지 않았다.

"나는 무능한 왕과 나라를 망친 지정의 무리를 없애기 위해 군사를 일으켰을 뿐이오. 나는 이미 늙었으니 왕이 되어 나랏일을 제대로 할 수 있겠소?"

하지만 신하들은 다시 한 번 강하게 주장했다.

"그래도 상대등께서 왕이 되셔야 합니다. 지금 신하와 백성들을 이끌 수 있는 분은 상대등밖에 없습니다."

이렇게 해서 김양상이 왕위에 오르니, 그가 신라 제37대 선덕왕¹이다. 선덕왕은 왕위에 올라 어지러운 상황 속에서 불안

1. 선덕왕 (?~785)
신라 제37대 왕(재위 기간 780~785)이며 내물왕의 10대손이다. 이름은 김양상이다.

에 떠는 백성들을 안심시키기 위해 직접 지방으로 가서 주민들을 돌아보았다.

하지만 스스로 말한 대로 선덕왕은 나이가 많았다. 그래서 왕위에 오른 지 4년 만에 스스로 물러나려 했지만 신하들의 반대로 뜻을 이루지 못하다가, 785년 병이 들어 세상을 떠났다.

선덕왕은 눈을 감기 전에 이렇게 말했다.

"과인은 본래 재능이 없고 덕이 모자라 왕위에 오를 마음이 없었으나 사람들의 바람을 이기지 못해 왕위에 올랐다. 그러나 하는 일마다 순조롭지 못해 백성들이 어려움에 빠졌다. 그래서 스스로 물러나 궁궐 밖에서 살고자 했으나 많은 신하들이 반대하는 바람에 지금까지 왕위에 머물렀을 뿐이다. 이제 와서 병

신라사 이야기

제37대 선덕왕 가계도

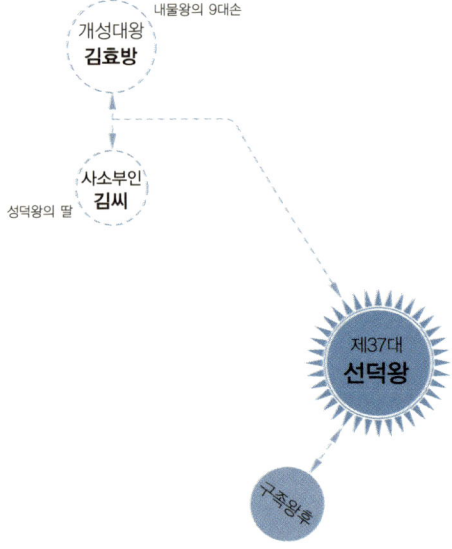

이 들어 죽게 되었으니 이는 하늘의 뜻이 아니겠는가? 과인이 죽은 뒤에는 동해에 뼈를 뿌려 주기 바라노라."

 선덕왕은 자식도 남기지 않고 조용히 숨을 거두었다. 보통 반란을 일으켜 왕위에 오른 사람은 권력에 대한 욕심이 강하기 마련인데, 선덕왕은 그렇지 않았다. 단순히 권력을 차지하기 위해 반란을 일으키지 않았기 때문이다. 경덕왕 때 한동안 잠잠하다가 혜공왕 때 다시 불거진 왕과 귀족의 힘겨루기에서 귀족 세력을 대표해 왕이 된 것이다.

 왕과 귀족의 힘겨루기는 이후에도 계속되었다. 그 때문에 신라의 역사가 끝날 때까지 반란 사건은 계속 일어났다.

제38대 원성왕실록

폭우 덕분에 왕이 된 원성왕

억울하게 왕의 자리를 빼앗긴 김주원

선덕왕이 세상을 떠나자 신라의 신하들은 새 왕을 뽑기 위해 모여서 의논했다.

"하루빨리 왕을 세워 나라를 안정시켜야 하겠는데, 누가 좋겠습니까?"

"아무래도 선덕왕의 가문에서 왕위를 잇는 것이 좋지 않겠습니까?"

"그렇습니다. 그래야 불만을 가지는 사람도 없을 것입니다."

"그렇다면 선덕왕의 조카인 김주원[1]이 왕이 되어야 하지 않겠습니까?"

"좋습니다. 그렇게 합시다."

신하들이 자신을 왕위에 앉히기로 결정했다는 소식을 들은

1. 김주원 (?~?)
무열왕의 6대손으로 강릉 김씨의 시조다.

김주원은 서라벌로 향했다. 김주원은 서라벌에서 20리 떨어진 곳에 살고 있었는데, 궁궐에 들어가려면 '알천'이라는 강을 건너야 했다.

그런데 갑자기 폭우가 쏟아지기 시작해 알천에 물이 불어 강을 건널 수 없었다.

"폭우 때문에 지금은 강을 건널 수 없을 듯하옵니다."

김주원은 아랫사람들이 이렇게 말하자 발을 동동 굴렀다.

"어허, 큰일이구나. 궁궐로 빨리 가야 할 터인데……. 물이 빠질 때까지 기다려야겠다."

김주원은 불안한 마음이 들었지만 어쩔 도리가 없었다. 이때 서라벌에서는 이상한 말이 오가기 시작했다.

"어허, 왕이 되실 분이 물에 막혀 오시지 못한다니 큰일이군요."

"왕의 자리는 한시도 비워 두어서는 안 되는데, 며칠이나 기다려야 할까요?"

"다시 의논해야 하는 것이 아닐까요?"

이렇게 말하는 신하도 있었다.

"왕의 자리는 하늘의 뜻에 따라 결정되는데, 폭우가 내리는 것을 보니 주원이 왕이 되는 것을 하늘이 싫어한다는 뜻인 듯합니다."

이 말을 한 사람은 상대등 김경신을 따르는 신하였다. 그는 이렇게 덧붙였다.

"상대등 경신은 전 임금의 아우로서 덕망이 높고 임금의 기

신라사 이야기

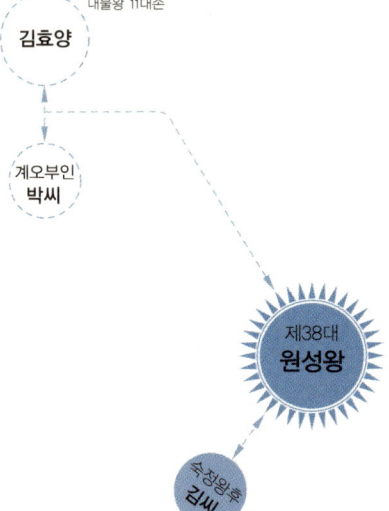

풍을 가졌으니 왕이 될 만하다고 생각합니다."

경신은 김양상이 반란을 일으켜 지정의 무리와 혜공왕을 죽일 때 큰 공을 세운 사람이었다. 그 때문에 선덕왕은 경신에게 상대등 자리를 주었고, 그는 신하들 가운데 가장 강한 힘을 가지고 있었다.

"그렇습니다. 상대등께서는 전 임금을 도와 나라를 바로잡은 분입니다. 지금 폭우로 주원이 오지 못하는 것은 하늘의 뜻인 듯하니 상대등을 새 왕으로 세웁시다."

이렇게 해서 김경신이 왕위에 올라 원성왕[2]이 되었다.

이 소식을 들은 김주원은 땅을 치며 안타까워했다.

"어찌 이런 일이 일어났단 말이냐? 임금 자리를 코앞에서 빼

2. 원성왕 (?~798)
신라 제38대 왕(재위 기간 785~798)이며 내물왕의 12대손이다. 이름은 김경신이다.

앗겼구나."

결국 김경신이 왕이 된 뒤 한참 동안 신라 임금의 자리는 김경신의 자손들이 잇게 되었다. 하지만 임금 자리를 폭우 때문에 놓친 김주원은 아쉬움을 지우지 못했다. 뒤에 김주원의 한을 이어받은 그의 아들은 아깝게 놓친 왕위를 찾기 위해 반란을 일으켰다.

자식 복이 없는 원성왕

"태자가 죽다니, 어찌 이럴 수가 있단 말인가!"

791년 원성왕은 태자 인겸의 죽음을 슬퍼했다. 갑자기 병이 들어 세상을 떠난 인겸의 뒤를 이어 둘째 아들 헌평이 태자가 되었다. 하지만 또다시 날벼락 같은 소식이 날아들었다.

"태자께서 병이 들어 목숨이 위태롭습니다."

"설마 그런 일이 또 일어나기야 하겠느냐? 반드시 살려 내도록 해라. 하늘도 그리 무심하지는 않을 것이야."

하지만 원성왕의 바람과는 달리 헌평태자 또한 794년 숨을 거두고 말았다. 몇 년 사이에 태자를 두 명이나 잃은 원성왕은 그 어느 왕보다 자식 복이 없었다.

다행히 원성왕의 맏아들 인겸이 죽기 전에 아들을 남겨 놓아, 손자에게 왕위를 넘겨줄 수 있었다.

괘릉의 무인 상

괘릉은 원성왕의 능으로 추정되며 괘릉 남쪽에 서역 사람의 얼굴 모습을 조각한 석상이 세워져 있다. 외국과 활발한 교류가 있었음을 알 수 있다.

경상북도 경주시 외동읍

제39대 소성왕실록

명이 짧은 소성왕

1. 소성왕 (?~800)
신라 제39대 왕(재위 기간 799~800)으로 원성왕의 태자 인겸의 맏아들이다. 이름은 준옹이다.

799년에 원성왕이 세상을 떠나자 그의 손자가 왕위에 올랐는데, 바로 소성왕[1]이다.

소성왕은 789년 당나라에 사신으로 다녀왔고 791년에는 반란 사건을 잠재우는 등 왕이 되기 전에 이미 눈부신 활약을 펼쳤다. 그 덕분에 원성왕은 자식 복이 없는 자신의 운명을 원망하면서도 편하게 눈을 감았다.

그러나 원성왕 가문의 불행은 그치지 않았다. 젊은 나이에 왕위에 오른 소성왕 또한 오랫동안 병을 앓아 오고 있었기 때문이다. 소성왕은 왕위에 오른 지 겨우 1년 6개월 만에 세상을 뜨고 말았다.

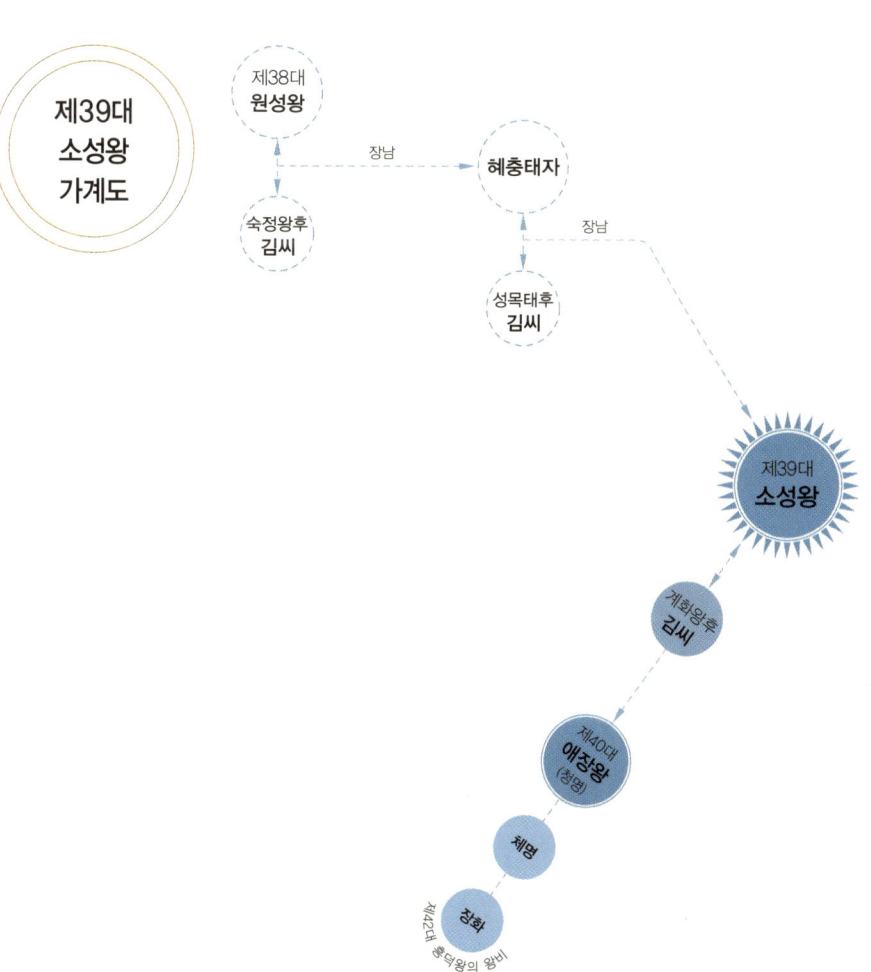

제40대 애장왕실록

왕권 회복에 과감하게 나선 애장왕

왕권 회복에 나서다

소성왕이 젊은 나이에 병으로 세상을 떠나자 800년에 왕위에 오른 사람은 소성왕의 맏아들 애장왕[1]이었다. 하지만 애장왕은 이때 열세 살의 어린 나이였기 때문에 삼촌 김언승[2]이 대신 나랏일을 돌보았다.

김언승은 권력에 욕심이 많았다. 그는 본래 신라의 국방을 책임지는 병부령의 벼슬에 있었지만 어린 애장왕을 구슬려 벼슬 욕심을 채웠다.

"제가 병부령으로 있으나 나랏일을 돕기에는 부족한 듯하옵니다. 비록 어깨가 무거워 피곤할지라도 나랏일을 돕는 데 이 한 몸 바치고자 하니 더 많은 책임을 지게 해 주시옵소서."

애장왕은 나이는 어렸지만 머리가 영리해 김언승의 말뜻을

---

1. 애장왕 (788~809)

신라 제40대 왕(재위 기간 800~809)으로 소성왕의 맏아들이다. 이름은 청명, 중희다.

2. 김언승 (?~826)

소성왕의 동생으로 애장왕을 몰아내고 제41대 왕위에 올랐다.

금방 알아차렸다.

"과인이 아직 어려 아는 것이 없으니 병부령은 상대등에 올라 나랏일을 돌보도록 하세요."

김언승은 병부령과 상대등에 동시에 올라 강한 힘을 가지게 되었다. 어린 애장왕은 이런 삼촌을 보면서 걱정했다.

'온 나라의 권력을 다 쥐었으니 나중에는 왕의 자리까지 차지하지 않을까? 두려운 생각이 들지만 내가 아직 어려서 어찌할 도리가 없구나.'

이러한 걱정대로 김언승은 애장왕의 나이가 열다섯 살이 되어도 나랏일을 대신하는 것을 그만두지 않았다. 신라에서는 보통 남자 나이가 열다섯 살이 넘으면 어른으로 대우해 주었는데, 김언승은 애장왕을 어른으로 인정하지 않았다.

애장왕은 열여덟 살 때야 비로소 김언승과 신하들을 불러 모아 놓고 말했다.

"그동안 상대등이 과인을 대신해 나랏일을 하느라 무척 수고가 많았소. 이제 과인이 모든 것을 책임질 수 있는 나이가 되었으니 상대등의 무거운 짐을 벗겨 주려고 하오."

애장왕이 당당하게 나랏일을 직접 맡겠다고 하자 김언승은 물론이고 어떤 신하도 감히 반대할 수 없었다. 사실 김언승의 욕심만 아니었다면 애장왕은 이미 나랏일을 직접 돌보았어야 했다.

"이제부터 과인이 정식으로 왕이 되었으니, 어마마마를 태왕후로 하고 과인의 부인은 왕후임을 분명히 하노라."

3. 균정 (?~836)
원성왕의 손자로 신무왕과 헌안왕의 아버지다. 신라 최고 벼슬에 올라 애장왕을 도왔으며 조카 제륭(희강왕)과 왕위 다툼을 벌였다.

애장왕은 왕이 되자마자 자신의 어머니와 부인의 권위를 세워 주며 왕실과 궁궐의 질서를 다잡았다.

"새로운 법을 만들었으니 이를 곧바로 시행토록 하고, 모든 지방에는 관리를 보내 각 지방의 경계를 분명히 하도록 하라."

애장왕은 나라를 움직이는 행정 조직을 손에 쥐고 과감하게 왕권 회복에 나섰다.

또한 애장왕은 충성스런 신하인 균정[3]을 불러 말했다.

"백성들은 생활이 어려운데 귀족들은 사치스럽게 살고 있다. 특히 불교의 사치가 심한 것 같은데, 어떠하냐?"

"옳게 보셨습니다. 사치스러움을 없애고 사회의 기풍을 바로잡으려면 불교의 사치부터 금해야 할 것입니다."

"그렇다. 앞으로는 모든 불교 행사에 비단을 쓰지 못하게 하고 금과 은으로 만든 그릇도 사용하지 못하게 하라."

"네, 알겠습니다."

왕권을 되찾고 기풍을 바로잡으며 오랜만에 강력한 왕으로 자리 매김하기 시작한 애장왕은 외교 문제도 직접 챙겼다.

"일본에서 왔다는 사신을 내가 직접 만나 보겠다. 그를 이리 불러라."

애장왕은 일본 사신을 직접 만나서 말했다.

"일본이 지난 성덕왕 시절에 신라를 침략하는 바람에 그동안 원수처럼 지내 왔다. 하지만 세월이 흘러 일본에서 사신을 이렇게 보내왔으니 그대의 나라와 의좋게 지내고자 하는데, 어찌하면 되겠느냐?"

신라와 외교를 맺고 싶었던 일본 사신은 기쁘게 대답했다.

"대왕이시여, 신라의 사신을 일본에 보내 우리 임금께 그 뜻을 전하면 매우 기뻐할 것입니다."

신라는 성덕왕 30년(731년)에 끊어졌던 일본과의 외교 관계를 72년 만에 회복했다. 하지만 이러한 애장왕의 과감한 행동을 곱지 않게 보는 사람이 있었으니, 바로 김언승이었다.

김언승은 자신의 패거리를 모아 놓고 말했다.

"왕이 어느새 나이가 차서 저렇게 과감하게 행동하니 왠지 두렵구나."

그러자 김언승을 따르던 신하들이 말했다.

"왕은 분명히 우리를 눈엣가시처럼 여길 것입니다. 왕의 기세를 누그러뜨리지 않으면 뒷날 큰일을 당할까 걱정됩니다."

"그렇다면 어찌해야 하겠느냐?"

"왕의 곁에서 일일이 도움을 주고 있는 균정부터 없애는 것이 좋을 듯합니다."

그러자 김언승이 고개를 끄덕였다.

"좋다. 균정부터 없애 버리자. 이번에 왕이 일본과 다시 외교를 맺으려 하니, 균정을 일본에 볼모로 보내는 것이 어떨까?"

"좋은 생각이십니다."

음모를 꾸민 김언승은 곧 왕 앞에 나아가 말했다.

"대왕께서 이번에 일본과 외교를 맺어 평화롭게 지내려 하는 것은 매우 현명한 생각이십니다. 하지만 일본과 우리는 70여 년 동안 등을 돌리고 지냈으니, 다시 사이를 회복하려면 쉽지

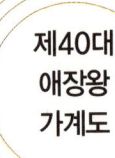
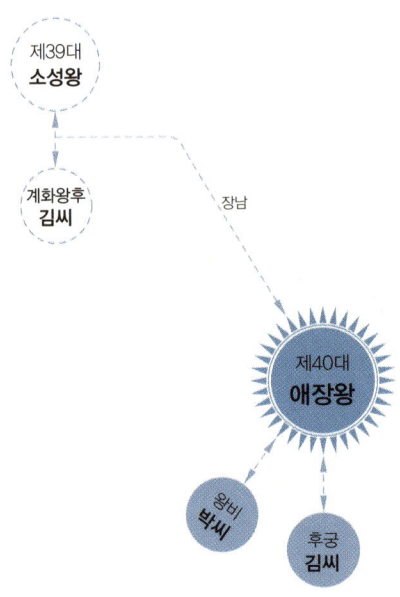

않을 듯합니다."

그러자 애장왕은 담담하게 물었다.

"그러면 좋은 방법이 있는가?"

"능력이 뛰어난 신하를 일본에 머무르게 해 그들을 안심시키는 것이 어떻겠습니까? 충성스러운 균정이라면 그 일을 훌륭하게 해낼 수 있을 것 같습니다."

옆에서 조용히 듣고 있던 균정은 김언승의 속셈을 눈치 채고 말했다.

"그렇게까지 할 필요는 없습니다. 일본은 지금 우리와 적극적으로 외교를 맺으려고 합니다. 사신만 보내면 외교를 맺도록 일본 사신과 약속했으니 마음 놓으셔도 됩니다."

영리한 애장왕은 당연히 균정 편을 들었다. 이로써 김언승의 계획은 보기 좋게 실패했다.

얼마 뒤 신라와 일본은 정식으로 외교 관계를 맺었고, 804년에는 일본 왕이 사신을 보내 황금 300냥을 선물하기도 했다. 일본은 806년과 808년에도 사신을 보내왔다. 애장왕은 이들을 직접 만나 일본과 신라가 더욱 가까워지도록 해 나라를 더 평안하게 만들었다.

삼촌에게 목숨을 빼앗긴 애장왕

애장왕이 나랏일을 잘 돌보고 일본과 평화롭게 지내자 김언승은 속이 편하지 않았다.

"왕이 나랏일과 외교에 모두 성공하니, 이대로 가면 왕의 힘을 아무도 당할 수가 없지 않겠는가?"

그러자 김언승을 따르는 이들이 말했다.

"그렇습니다. 이대로 가면 우리들이 설 자리가 없어지게 됩니다. 어서 빨리 대책을 세워야 합니다."

마침내 위기감을 느낀 김언승과 그의 조카 제륭이 반란을 일으켜 궁궐을 장악하고 애장왕을 죽였으니, 이때가 애장왕 10년인 809년 7월이었다.

제41대 헌덕왕실록

조카를 죽이고 왕위에 오른 헌덕왕

헌덕왕시대의 세계 약사

중국 당나라에서는 헌종과 목종의 혼란기였다. 곳곳에서 내란이 일어나고, 여러 차례에 걸쳐 토번이 쳐들어와 사회가 어수선했다.
이때 동로마 황제 니케프로스 2세는 불가리아 사람과 싸우다 목숨을 잃었다. 프랑크에서는 칼 대제의 아들이 데인족을 무찔렀다.
이 시기에 사라센은 과학을 크게 발전시켜 전성기를 이루고, 크레타 섬을 점령했다.

　자신의 조카인 애장왕을 죽인 김언승은 제41대 헌덕왕'에 올랐다. 헌덕왕은 반란을 일으켜 왕위에 올랐기 때문에 언제나 불안했다.

　'세상에 믿을 놈은 없다. 오직 나와 함께 군사를 일으킨 충성스러운 신하들만 믿을 만하다.'

　이렇게 생각한 헌덕왕은 반란을 함께 일으킨 부하들만 최고 벼슬인 시중에 오르게 하면서 10년을 보냈다. 따라서 헌덕왕은 나랏일을 완전히 손아귀에 쥐고 그 누구의 도전도 받지 않을 수 있었다.

　하지만 10년이 지나도록 반란을 함께 일으킨 신하들에게만 높은 벼슬을 내리는 헌덕왕에게 불만을 가진 사람들이 여기저기에서 생겨났다.

"왕이 믿는 사람은 반란을 함께 일으킨 몇 명뿐이니, 우리는 모두 찬밥 신세구나."

"어차피 왕이 알아주지도 않을 텐데 열심히 일할 필요도 없다."

그러자 각 지방에서는 관리들이 나랏일을 허술하게 돌보았고, 이에 따라 전국 곳곳에서 도적 떼가 들끓었다. 왕이 직접 명령해 도적 떼와 전쟁을 벌여야 할 정도였다.

가장 큰 불만을 품고 있는 사람은 김헌창이었다. 김헌창은 왕이 될 뻔하다가 폭우 때문에 왕위를 빼앗긴 김주원의 아들이었다. 그는 헌덕왕의 믿음을 얻지 못하고 지방 관리로 떠돌아다녔다.

"흥, 왕은 결코 나를 믿지 않는구나. 만날 나를 지방으로 떠돌게 하다니, 참으로 화가 나는구나."

이렇게 분통을 터뜨리던 김헌창이 마침내 반란을 일으켰다. 다음 왕위를 왕의 동생에게 물려주기로 한 것 때문이었다.

"반란을 일으켜 왕이 된 주제에 이제 동생까지 왕을 시키려고 하는구나. 아버지가 강을 건너 궁궐로 가려 할 때 폭우만 내리지 않았어도 지금쯤 내가 왕이 되어 있지 않겠는가?"

김헌창은 반란군을 끌어 모았다. 그는 줄곧 지방으로 다니면서 관리를 했기 때문에 전국 곳곳에 손잡을 만한 세력이 많았다. 김헌창은 자신을 따르는 무리를 모아 놓고 말했다.

"지금 왕은 자기 조카를 죽이고 왕이 되었으니, 처음부터 왕이 될 자격이 없었다. 우리 가문이야말로 본래 왕위에 오르기

1. 헌덕왕 (?~826)

신라 제41대 왕(재위 기간 809~826)으로 원성왕의 태자 인겸의 둘째 아들이다. 이름은 김언승이다.

로 되어 있었으므로 가짜 왕을 몰아낼 자격이 있지 않은가?"

"와아, 옳습니다!"

무리들이 함성을 지르며 찬성하자 김헌창은 더욱 힘을 얻었다.

"지금부터 새 나라를 세웠음을 선포하노니, 나라 이름은 장안이라 하노라."

김헌창과 그 무리들은 순식간에 무진, 완산, 청주, 사벌의 네 개 주를 차지하며 위세를 떨쳤다. 헌덕왕은 겨우 서라벌로 도망쳐 온 완산주 관리들을 통해 이 사실을 알게 되었다.

"김헌창, 이놈이 벌써 네 개 주를 차지하고 스스로 왕이 되었다니, 어찌 이럴 수가 있느냐?"

이 무렵 김헌창은 각 지역 관리들에게 이런 말을 전했다.

"헌덕왕은 조카를 죽이고 왕위를 차지한 가짜 왕이다. 나와 함께 나라를 새로 세우자."

김헌창의 반란 소식이 퍼지자 어떤 지방에서는 김헌창을 따르는 무리도 생겨났지만 한산주, 우두주, 삽량주, 패강진, 북원경 등에서는 성을 지키며 반란군과 맞섰다.

그러자 헌덕왕이 명령했다.

"지금 여러 지방에서 반란군과 맞서고 있으니 서라벌을 지키는 군사는 조금만 두고 모든 군사를 몰고 가서 김헌창의 목을 베어 오도록 해라."

신라의 군대가 공격해 오자 위세를 떨치던 김헌창의 반란군도 점점 밀리기 시작했다. 결국 김헌창은 웅진성으로 물러나 마지막 싸움을 벌였지만 열흘 만에 성이 무너졌다.

김헌창은 패배를 돌이킬 수 없음을 알고 그 자리에서 스스로 목숨을 끊었다.

"김헌창의 가문 사람들을 모조리 죽여 없애라."

헌덕왕의 명령으로 그를 따르던 가족과 무리 239명의 목이 날아갔다. 김헌창의 아들 범문이 겨우 도망쳐 북한산주를 차지하려 했지만 북한산주 도독 총명에게 져서 처형되고 말았다.

제41대 헌덕왕 가계도

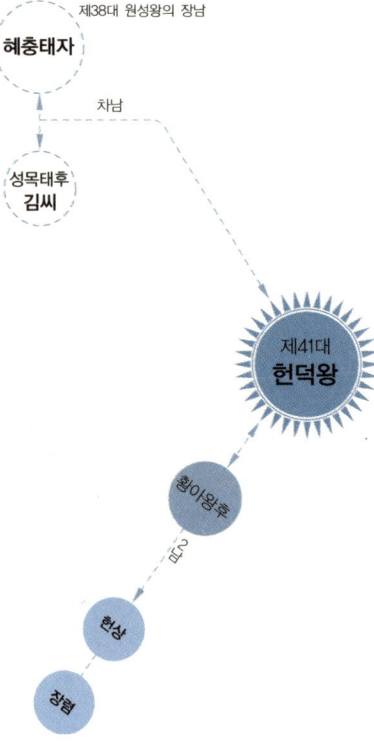

헌덕왕도 그 이듬해 10월에 삶을 마감했다. 능은 천림사 북쪽에 마련되었다.

헌덕왕은 황아왕후 사이에서 두 명의 아들을 얻었으나, 두 아들을 제쳐 두고 동생인 수종에게 왕위를 물려주었다. 헌덕왕이 애장왕을 죽이고 왕위를 차지하는 데 수종이 큰 역할을 했기 때문이다.

또한 헌덕왕 말기인 822년에 수종을 부군에 책봉해 왕위 계승을 확정 지은 것은 당시 수종이 조정을 틀어쥐고 있을 만큼 큰 힘을 가지고 있었다는 것을 뜻한다.

제42대 흥덕왕실록

슬픔과 병마에 시달린 흥덕왕

1. 흥덕왕 (?~836)
신라 제42대 왕(재위 기간 826~836)으로 원성왕의 태자 인겸의 셋째 아들이다. 이름은 수종, 경휘다.

흥덕왕¹은 헌덕왕의 동생으로 826년 10월 헌덕왕이 세상을 떠나자 왕위에 올랐다. 그는 헌덕왕이 반란을 일으켜 애장왕을 죽일 때 큰 공을 세워 상대등 벼슬에 올랐다. 그가 상대등이었다는 것은 헌덕왕과 함께 반란을 일으킨 신하들 가운데 가장 강한 권력을 가지고 있었다는 뜻이다. 따라서 그에게 도전할 세력이 없었기 때문에 나라를 안정적으로 돌볼 수 있었다.

하지만 흥덕왕은 왕위에 오르자마자 커다란 슬픔에 빠졌다.

"부인, 이제 막 왕비가 되었는데 어찌 나를 두고 먼저 떠나가 신단 말이오? 흑흑!"

흥덕왕이 진심으로 사랑했던 부인이 병에 걸려 세상을 떠난 것이다. 흥덕왕은 부인을 어찌나 사랑했던지 며칠 동안 울음을 그치지 않았다. 신하들은 이런 왕의 모습을 안타까워하며 말했다.

"새 왕비를 맞아들이고 슬픔을 거두시옵소서."

"그렇습니다. 왕실에는 왕비가 있어야 합니다. 슬기롭고 아름다운 여인을 왕비로 맞아들이시옵소서."

그러나 흥덕왕은 손사래를 치며 말했다.

"짝을 잃은 새도 그 슬픔을 간직하거늘, 어찌 사랑하는 사람을 잃고 무정하게도 곧바로 부인을 얻겠는가?"

흥덕왕은 젊고 아름다운 궁녀들도 자신의 곁에 오지 못하도록 하며 오직 부인만을 그리워했다.

부인이 세상을 떠난 지 두 달 뒤에 어쩔 수 없이 새 왕비를 얻었지만 흥덕왕의 슬픔은 사라지지 않았다. 그러다 몇 년 뒤부터는 시름시름 병을 앓았다. 게다가 부인을 잃은 지 6년 뒤에는 당나라에 다녀오던 태자마저 바다에서 풍랑을 만나 목숨을 잃었다. 그 때문에 흥덕왕은 왕위에 머무른 10년 동안 계속 슬픔에 빠져 시름시름 앓으며 지냈다.

흥덕왕이 슬픔에 빠져 있을 때 신라에는 뒷날 왕실을 뒤흔들어 놓을 예사롭지 않은 인물이 나타났다. 그의 이름은 궁복인데, 흔히 '장보고'[2]라고 불렸다.

당시 신라와 당나라 사이의 바다에는 해적이 들끓었는데, 장보고는 이들을 모두 무찌르고 국제적으로 이름을 떨쳤다. 장보고가 신라의 청해진(완도)에 자리를 잡자 흥덕왕은 그를 궁궐로 불러들여 후하게 대접했다.

"그대가 해적들을 무찌른 장보고 장군인가?"

2. **장보고** (?~846)
본명은 궁복, 궁파이며 당나라 군대의 장교가 되었다가 군사를 모아 서해 바다의 해적을 물리쳤다.

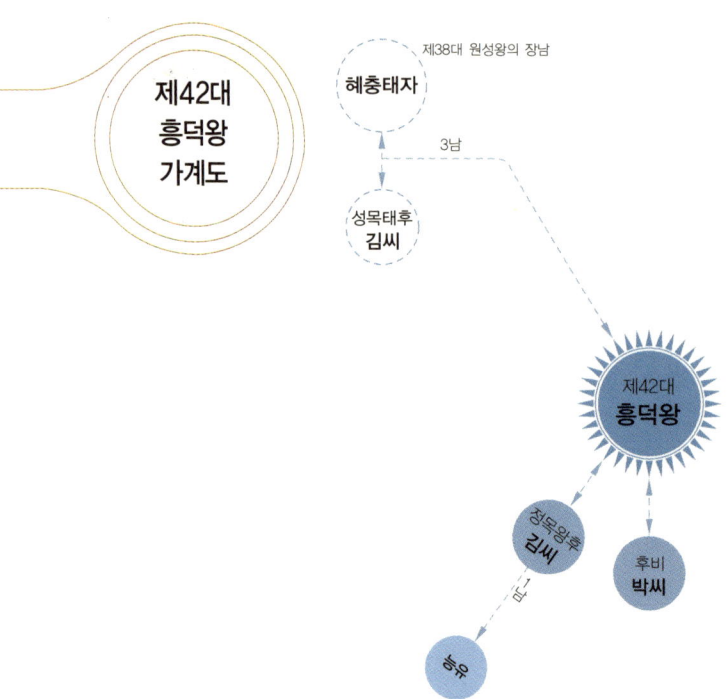

"네, 그렇습니다."

"그대는 본래 신라 사람이라고 하던데, 어떻게 그런 훌륭한 군사들을 거느리게 되었는가?"

"저는 본래 귀족도 아니고 무사도 아니었습니다. 어릴 때 당나라로 건너갔다가 운 좋게도 당나라에서 공을 세워 장군이 되었습니다. 어느 날 바다에 해적이 들끓어 무역을 할 수 없다는 말을 듣고 군사를 모아 그들을 쳐부수었습니다."

"장하도다. 앞으로도 바다를 계속 지켜 주기 바란다. 그대를 청해진 대사로 임명하노라."

　청해진 대사가 된 장보고는 해적들을 모조리 잡아 없애고 해상 무역의 안전을 꾀했다. 이는 곧 당나라, 신라, 일본의 해상권을 틀어쥐는 일이기도 했다. 사실 신라 내부에서는 1만 명의 군사를 거느린 장보고를 당할 세력은 아무도 없었다. 흥덕왕은 이런 장보고를 다독거리며 좋게 지냈는데, 그가 나중에 신라 왕실을 뒤흔들어 놓을 것이라고는 꿈에도 생각하지 못했다.

제43대 희강왕실록

왕이 된 지 1년 만에 목숨을 잃은 희강왕

10년 동안 아내와 아들을 잃은 슬픔에 빠져 지내던 흥덕왕이 836년 세상을 떠나자, 신라 왕실에서는 누구를 왕으로 세울지를 놓고 한판 대결이 벌어졌다.

"흥덕왕의 사촌 동생 균정이 왕이 되어야 해."

"아니야, 흥덕왕의 조카 제륭이 왕이 되어야 해."

신하들은 균정 패거리와 제륭 패거리로 갈라져 전쟁을 벌였다. 이 전쟁에서 제륭이 이겼고 균정은 목이 달아났다. 하지만 균정의 아들 우징은 목숨을 건져 달아났다.

"이놈들, 두고 보자. 반드시 복수하리라. 일단 청해진 대사 장보고의 도움을 받아야겠다."

우징이 장보고를 찾아가자 제륭도 어쩔 도리가 없었다.

"장보고는 왕실의 명령을 듣지 않으니 우징을 잡으러 갈 수가 없구나."

　제륭은 왕위에 오르자마자 죄수들을 풀어 주어 민심을 얻고자 했다. 그가 바로 제43대 희강왕¹이다. 하지만 왕이 된 지 1년 만에 김명과 이홍이 반란을 일으키자 희강왕은 죽음을 당할 것을 걱정해 목매어 스스로 목숨을 끊었다. 이때가 왕위에 오른 지 3년째인 838년 정월이었다.

1. 희강왕 (?~838)
신라 제43대 왕(재위 기간 836~838)으로 원성왕의 손자인 김헌정의 아들이다. 이름은 제륭, 제옹이다.

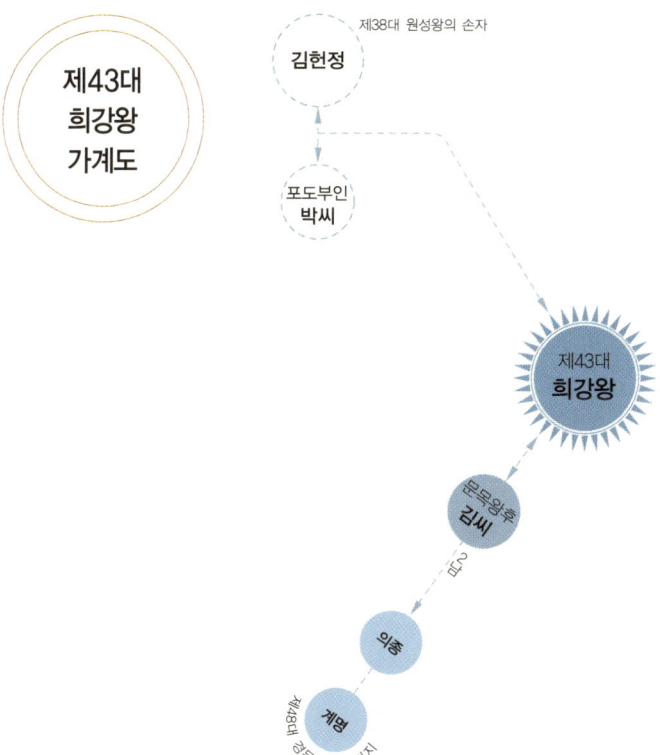

제44대 민애왕실록

장보고에게 당한 민애왕

1. 민애왕 (?~839)
신라 제44대 왕(재위 기간 838~839)으로 원성왕의 손자 충공의 아들이다. 이름은 김명이다.

이홍과 함께 반란을 일으켜 희강왕을 없앤 김명이 왕위에 오르니 제44대 민애왕¹이다.

김명이 반란을 일으켜 왕이 되었다는 사실을 청해진에 있던 우징에게 알린 사람은 균정의 신하였던 김양이었다.

"김명이 반란을 일으켜 왕이 되었으니 마땅히 그를 응징해야 할 것입니다."

김양의 말에 고개를 끄덕인 우징은 장보고를 찾아가 말했다.

"김명은 왕을 죽이고 스스로 왕이 되었으며 내 아버지를 죽인 원수입니다. 아버지의 원수를 갚고 나라를 바로잡으려 하니 장군이 도와주셨으면 합니다."

그러자 장보고가 대답했다.

"옛말에 옳은 것을 보고도 행동하지 않는 사람은 용기가 없는 사람이라고 했습니다. 내 비록 능력은 부족하나 명령에 따르겠습니다."

장보고는 군사 5,000명을 뽑아 친구인 정년에게 맡겼다.

"자네가 아니면 이 일을 해낼 사람이 없네. 이 일을 잘해내면 우리의 세력이 왕실까지 미칠 수 있으니 반드시 성공시키게."

장보고의 군대가 궁궐을 향해 달려가니, 이를 막을 수 있는 사람이 없었다. 민애왕은 3,000명의 군사를 보내 장보고의 군대를 막게 했지만 상대가 되지 않았다. 장보고의 군대가 서라벌 가까이까지 오자 민애왕은 군대를 모두 동원했지만 장보고의 군대는 정부군의 절반을 죽이며 서라벌로 계속 나아갔다.

민애왕은 홀로 도망가 숨었다가 청해진 군대에게 잡혀 죽음을 당했으니, 이때가 왕위에 오른 지 불과 13개월 만이었다.

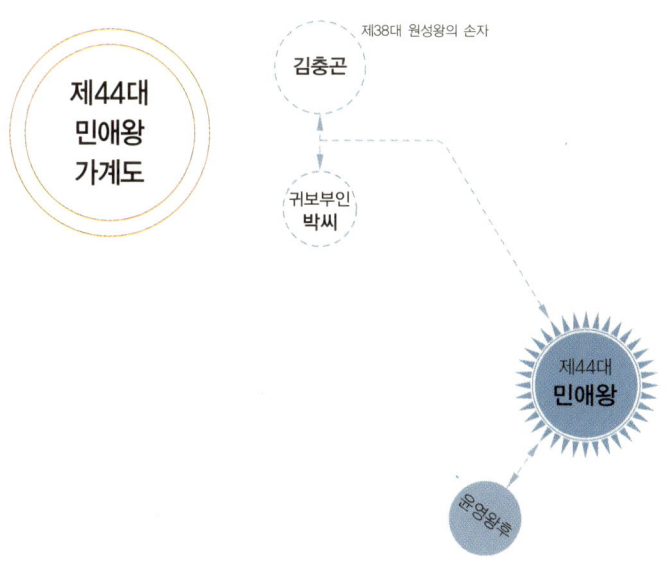

제45대 신무왕실록

장보고의 힘을 빌려 왕위에 오른 신무왕

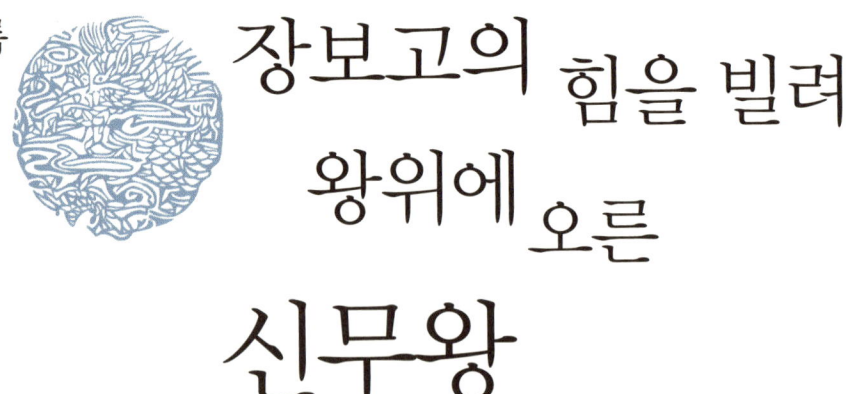

1. 신무왕 (?~839)
신라 제45대 왕(재위 기간 839~839)으로 원성왕의 손자인 균정의 아들이다. 이름은 우징이다.

2. 식읍
나라에서 공이 많은 신하나 왕족에게 자체적으로 다스리도록 내리는 지역을 가리킨다.

　민애왕이 세상을 떠나자 우징이 왕위에 올랐으니, 그가 신라 제45대 신무왕¹이다. 신무왕은 헌덕왕 때 '김헌창의 난'이 일어나자 아버지 균정과 함께 난을 잠재우는 데 공을 세웠다. 흥덕왕 때에는 시중에 올라 아버지와 함께 나랏일을 돌보기도 했다.

　헌덕왕이 세상을 떠나자 아버지 균정을 왕위에 올리려 힘썼으나 제륭(희강왕)에게 져서 장보고에게 의지했다. 그 뒤 김명(민애왕)이 반란을 일으켜 왕위에 오르자 장보고의 도움을 받아 김명을 없애고 왕위에 올랐으니, 이때가 839년이었다.

　신무왕은 가장 큰 공을 세운 장보고를 감의군사로 삼고 식읍² 2,000호를 내렸다.

　하지만 신무왕은 왕위에 오른 지 얼마 안 되어 종기로 앓아

누웠다. 등에 난 종기는 순식간에 크게 번졌고 신무왕은 곧 숨을 거뒀다. 왕위에 오른 지 6개월 만이었다.

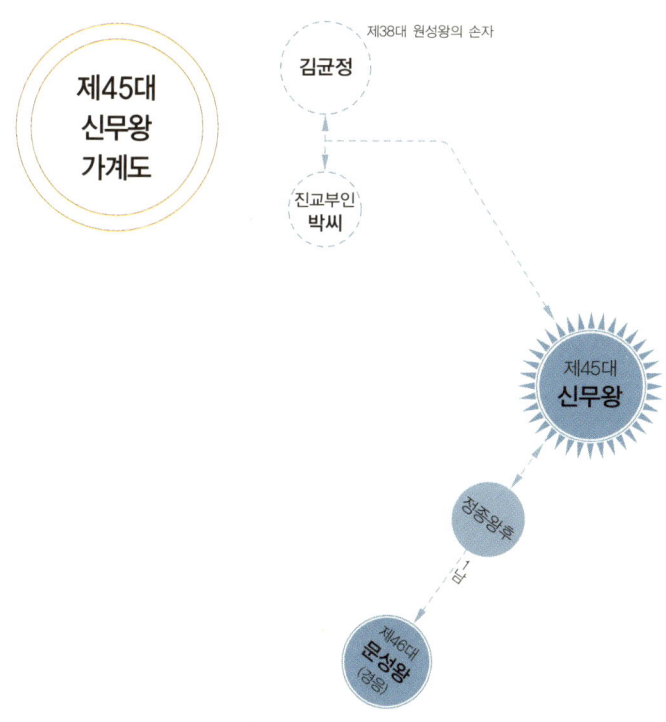

제46대 문성왕실록

장보고와의 약속을 어긴 문성왕

839년 왕위에 오른 문성왕¹은 곧바로 장보고에게 상을 내렸다.

"청해진 대사 궁복(장보고)은 군사를 거느리고 아버지 신무왕을 도와 나라를 어지럽힌 무리들을 무찔렀으니, 그의 공로를 어찌 잊을 수 있겠는가? 그를 진해장군에 임명하노라."

이렇게 문성왕이 벼슬까지 내리며 장보고를 챙긴 것은 그의 군대가 신라 정부군보다 더 강했기 때문이다. 문성왕은 장보고가 자신에게 등을 돌리면 왕의 자리도 내놔야 한다는 것을 잘 알고 있었다. 그래서 장보고의 딸을 왕비로 맞아들이기로 한 신무왕의 약속도 지키려고 했다.

"궁복의 딸을 왕비로 맞아들이려 하노라."

그러나 신하들이 강하게 반대했다.

문성왕시대의 세계 약사

중국 당나라에서는 도교를 믿던 무종이 불교를 탄압하고, 사찰 4만 여 곳을 부수고, 승려 26만 명을 환속시키는 조치를 내렸다. 선종이 즉위해 안정을 되찾으려 했으나, 곳곳에서 반란이 일어나 나라가 혼란에 빠졌다.
프랑크에서는 루이 1세가 죽고, 아들 셋이 영토 다툼을 벌여 결국 나라가 세 개로 나누어졌다. 이때 노르만족이 파리를 공격하고, 데인족은 캔터베리와 런던을 쳐들어갔으며, 사라센족은 이탈리아를 침략해 로마를 포위했다. 교황 레오 4세가 즉위해 사라센족을 무찔렀다.

"그것은 안 됩니다. 한낱 평민 출신인 궁복의 딸이 왕비가 될 수는 없습니다."

"그렇습니다. 신라가 생긴 이래 왕족이 아니고서는 왕비가 된 적이 없습니다."

그러자 문성왕은 곤란한 표정으로 말했다.

"하지만 선대왕(신무왕)께서 궁복과 그렇게 약속하셨소. 그 약속을 깨면 궁복이 가만히 있지 않을 것이오."

문성왕의 걱정에도 신하들의 의견은 변하지 않았다.

"어떤 일이 있어도 왕실의 전통을 깨뜨리고 신분의 질서를 어지럽혀서는 안 됩니다."

신하들이 입을 모아 반대하자 문성왕도 어쩔 수 없이 장보고와의 약속을 깰 수밖에 없었다.

이 소식을 들은 장보고는 크게 화를 냈다.

"목숨을 걸고 왕으로 만들어 주었더니, 이제 와서 약속을 헌신짝처럼 팽개치다니!"

문성왕은 자신이 약속을 어겨 장보고가 군대를 이끌고 쳐들어올까 봐 두려움에 떨었다. 그는 장보고의 군대가 얼마나 강한지 누구보다 잘 알고 있었다.

이때 '염장'²이라는 장수가 문성왕을 조용히 찾아와 말했다.

"왕께서 저를 믿으신다면, 궁복의 목을 베어 가지고 오겠습니다."

염장은 힘이 매우 세고 용감한 장수였다. 문성왕은 환하게 웃으며 말했다.

---

1. 문성왕 (?~857)
신라 제46대 왕(재위 기간 839~857)으로 신무왕의 맏아들이다. 이름은 경응이다.

2. 염장 (?~?)
민애왕을 죽이고 신무왕을 세우는 데 큰 공을 세웠다. 뒤에 문성왕의 신하가 되어 속임수를 써서 장보고를 죽였다.

"그대가 그렇게만 해 준다면 큰 상을 내리겠다. 반드시 궁복을 죽이도록 하라."

염장은 청해진으로 가서 장보고를 만나 이렇게 말했다.

"지금 신라의 주인은 왕이 아니라 장군입니다. 장군 곁에 머물고자 하니 저를 받아 주십시오."

장보고는 염장이 뛰어난 장수임을 금세 알아차렸다. 그런 장수가 왕을 배신하고 자신을 따르겠다고 하니 기뻐하지 않을 수 없었다.

"훌륭한 장수와 친구가 되는 일은 무엇보다 기쁜 일이다. 너를 위해 큰 잔치를 열 터이니 마음 편히 내 곁에 머물도록 하라."

염장은 장보고가 술을 마시며 웃고 떠들 때 칼을 뽑아 들어 그의 목을 베어 버렸다. 그리고 장보고가 거느리고 있던 청해진 군대를 차지했다.

장보고가 죽었다는 소식을 들은 문성왕은 안도의 숨을 내쉬었지만, 이 소식을 듣고 분노한 사람들이 있었다. 장보고의 사람이었다가 시중 벼슬을 얻은 양순과 흥종이었다. 반란을 일으킨 양순과 흥종은 곧 진압되어 처형되었으나 조정은 어지러운 상황으로 빠져 들었다.

다행히 반란은 잠재웠지만 이번에는 장보고와 한패였던 이찬과 김식이 반란을 일으켰다. 문성왕은 이 반란군도 무찔렀지만 걱정을 떨칠 수 없어 명령을 내렸다.

"청해진을 그대로 두고서는 한시도 편히 지낼 수 없겠다. 청해진 사람들을 모두 다른 곳으로 옮겨 살게 하라."

이렇게 해서 바다의 왕 장보고의 흔적은 완전히 사라졌고 신라 왕실은 위기에서 벗어났다. 하지만 그 뒤 다시 해적이 들끓었고 이를 물리칠 사람이 없었다. 따라서 바닷길을 통한 무역이 어렵게 되어 신라뿐만 아니라 당나라와 일본도 커다란 경제적 피해를 입었다.

이 때문에 신라 경제는 더욱 나빠졌고, 곳곳에서 해적과 도적이 설치는 바람에 나라는 점점 혼란스러워졌다. 문성왕은 자신의 아들을 태자로 세우고 나라를 안정시키기 위해 안간힘을 썼다. 그러나 불행히도 그토록 아끼던 태자는 허무하게 죽어 버렸다. 문성왕은 큰 슬픔에 시달리다가 857년에 삶을 마감했다.

해상 왕 장보고

장보고가 청해진을 세운 것은 흥덕왕 3년인 828년이었다. 평민 출신으로 남해 섬에서 태어난 그는 바다에 익숙했

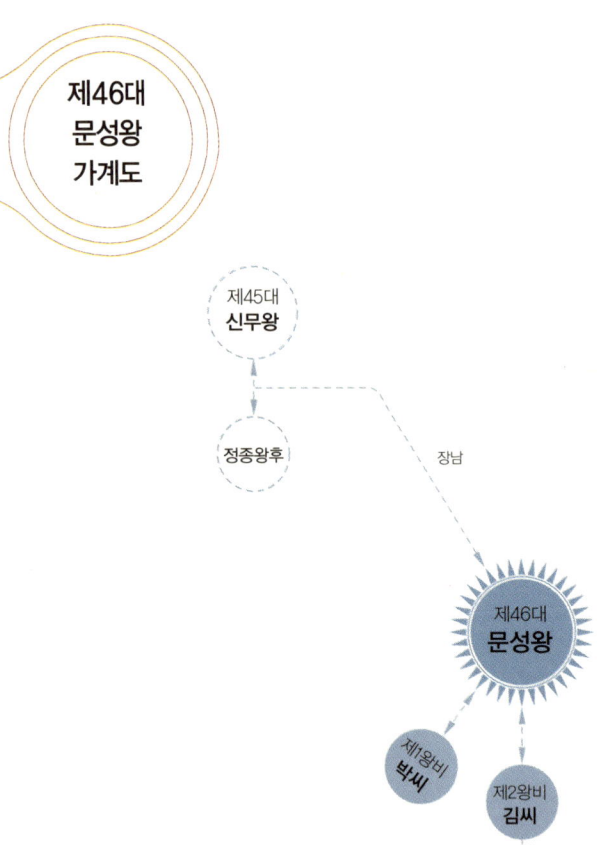

고 무예가 뛰어났다. 젊은 시절에 친구인 정년과 함께 당나라에 갔다가 그곳에서 공을 세워 당나라 군대의 장교가 되었다.

장보고는 당시 해상 무역에 깊은 관심을 가졌는데, 바다에 해적이 들끓어 각 나라가 무역에 큰 어려움을 겪고 있었다.

당나라가 혼란에 휩싸이자 신라에 돌아온 장보고는 완도에 청해진을 세웠다. 장보고가 청해진을 세운 목적은 해적을 완전히 없애서 해상 무역의 안전을 확보하기 위해서였다. 이는 곧 당나라, 신라, 일본의 해상권을 틀어쥐는 일이기도 했다. 장보고의 군대는 날로 늘어 1만 명을 헤아렸으며, 바다에 들끓던 해적들이 거의 사라졌다.

장보고는 중국 산둥 성에도 거점을 마련해 그곳에 살고 있던 신라 사람들의 중심 역할을 하기도 했다. 그러던 중 우징(신무왕)의 부탁을 받고 혁명에 끼어들어 새로운 정권을 세우는 데 큰 역할을 했다.

하지만 장보고가 중앙 정치에 가담한 것은 실수였다. 신라의 귀족들은 평민 출신인 그와 그의 가문이 조정에 나오는 것을 꺼려 했다. 장보고는 신무왕의 약속만 믿고 자신의 딸을 문성왕의 왕비로 만들려고 하다가 그만 반역자로 몰려 목숨을 잃고 말았다.

장보고가 목숨을 잃자 18년 동안 유지해 온 청해진이 무너졌고, 해상 무역에 큰 혼란이 생겼다. 신라, 일본, 당나라를 오가는 해상 무역상들이 청해진이라는 귀중한 안전판을 잃어버림과 동시에 세 나라의 경제에 엄청난 피해를 가져왔다.

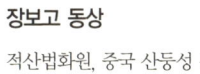

장보고 동상
적산법화원, 중국 산둥성 석도항

신라사 깊이 읽기

신라소와 신라방은 무엇일까?

신라소와 신라방은 통일신라시대인 8세기에 당나라에 살던 신라 사람들이 만든 자치 기관입니다. 신라 사람들 스스로 만든 곳이었지만 당나라 관청의 통제를 받았습니다.

그렇다면 신라소와 신라방은 어떻게 다를까요?

먼저 신라소부터 알아봅시다.

우리는 흔히 신라소라고 부르지만 정식 이름은 '구당신라소'입니다. 구당이란 말은 '어떤 일을 다룬다.'는 뜻입니다. 그래서 구당신라소란 '신라에 대한 일을 다루는 곳'이라고 풀이할 수 있습니다.

신라소의 우두머리는 '압아'라고 불렀으며, 그 아래에는 '촌보'와 '판두'가 있었습니다. 압아는 신라 사람들 모임의 회장 격이고 촌보와 판두는 각 마을의 이장을 가리킵니다.

그런데 신라소에 등록한 신라 사람들은 도시에 살지 않았습니다. 다시 말해 신라소는 당나라 동해 연안의 시골에 흩어져 살던 신라 사람들의 자치 기관인 셈입니다.

신라소 가운데에서 가장 유명했던 곳은 산둥성 문등현이었습니다. 산둥성은 태산의 동쪽을 뜻하는데, 산둥성의 동쪽 바다는 황해이고 북쪽 바다는 발해입니다.

신라소가 이처럼 시골 사람을 위한 기관이라면 신라방은 도시에 살던 신라 사람들의 자치 기관이었습니다. 당시 신라 사람들이 모여 살던 도시는 양쯔 강 하류 지방에 있던 도시나 화이허 강 하류에 있던 도시들이었습니다.

신라방의 우두머리를 '총관'이라 했고, 총관 아래에서 실무를 맡는 사람을 '전지관'이라고 했습니다. 또 번역과 통역을 맡은 '역어'라는 자리도 있었습니다.
　이처럼 당나라에 신라소와 신라방이 있었다는 것은 신라가 당시 당나라와 많은 무역을 했다는 뜻입니다. 신라소와 신라방에 머물던 사람들은 대부분 상업에 종사하던 사람들인 셈이지요. 이때 이들은 중국에서 아라비아나 페르시아의 물품을 사서 신라에 팔곤 했습니다.
　신라 말 완도에 청해진을 두고 큰 무역 시장을 만들었던 장보고도 신라소와 신라방에서 성장했습니다. 장보고는 당나라의 벼슬을 받았을 뿐 아니라 당나라와 신라 무역에 엄청난 권력을 행사했습니다. 그만큼 신라방과 신라소는 신라 사람들에게 큰 영향을 끼쳤습니다.

제47대 헌안왕실록

원수의 손자를 사위로 삼은 헌안왕

1. 헌안왕 (?~861)
신라 제47대 왕(재위 기간 857~861)이며 균정의 아들로 신무왕의 배다른 동생이다. 이름은 의정이다.

857년 문성왕이 세상을 떠나자 헌안왕[1]이 왕위에 올랐다. 헌안왕은 문성왕의 할아버지인 균정의 아들이었다. 균정의 첫째 부인이 낳은 아들이 문성왕의 아버지 신무왕이었고, 둘째 부인이 낳은 아들이 헌안왕이었다.

헌안왕의 어머니인 조명부인은 사실 균정을 죽인 김명(민애왕)의 여동생이었다. 조명부인의 남편 균정은 그녀의 오빠 김명에게 죽음을 당했고, 김명은 균정의 아들 신무왕에게 죽음을 당했다. 헌안왕은 이런 조명부인의 아들이었으니, 헌안왕의 외가와 친가가 원수가 되어 죽고 죽이는 전쟁을 벌인 것이었다.

그렇다면 이런 헌안왕이 어떻게 왕이 될 수 있었을까? 이는 신라의 왕위를 놓고 다투던 두 집안이 피를 흘리지 않으려고 싸움을 접었기 때문이다. 헌안왕은 두 집안이 함께 왕으로 인정할 수 있는 유일한 사람이었다.

헌안왕 또한 자기 아버지를 죽인 집안의 자손인 응렴을 사위로 맞아들였다. 헌안왕은 열다섯 살인 응렴을 불러 물었다.

"네가 세상을 돌아다니며 배우고 왔다는데, 착한 사람을 본 적이 있느냐?"

그러자 응렴이 대답했다.

"제가 일찍이 세 사람을 보았는데, 적어도 그들은 착한 행동을 했습니다."

"어떤 행동인가?"

"한 사람은 높은 가문의 아들로서 다른 사람과 사귈 때 자신을 내세우지 않고 항상 남보다 아래에 머물렀으며, 다른 한 사람은 재물이 많아 사치스런 옷을 입을 만한데도 항상 평범한 옷을 입었으며, 나머지 한 사람은 힘 있는 집안의 아들이면서 한 번도 다른 사람에게 위세를 부리지 않았습니다."

헌안왕이 그 말을 듣고 귓속말로 왕비에게 말했다.

"내가 많은 사람을 겪었지만, 응렴만한 사람은 없었소."

헌안왕은 응렴을 사위로 삼고 싶어서 그에게 물었다.

"나에게 딸이 둘 있는데, 너는 누가 더 마음에 드느냐? 네가 마음에 들어 하는 딸을 주마."

응렴은 생각해 보고 결정하겠다며 집으로 돌아가 부모에게 어찌할지 물었다. 그러자 응렴의 부모가 대답했다.

"언니보다 동생이 훨씬 아름답다고 하더구나. 동생과 결혼하렴."

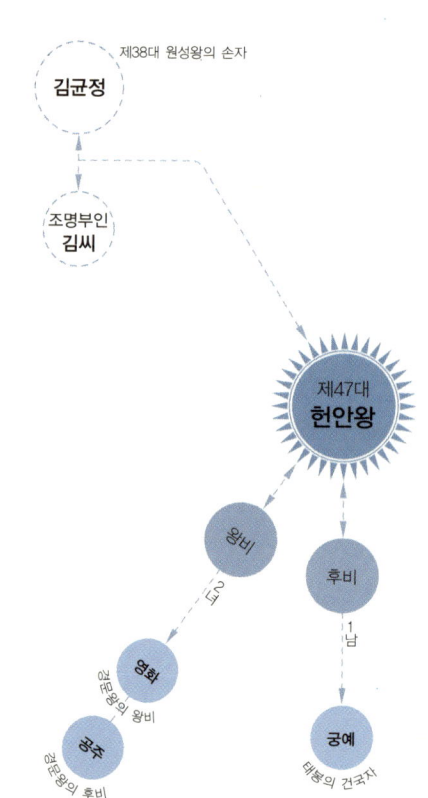

 응렴 또한 헌안왕의 둘째 딸에게 더 마음이 갔다. 하지만 헌안왕에게는 아들이 없었기 때문에 첫째 딸과 결혼하면 왕이 될 수 있었다. 이 때문에 응렴은 계속 고민하다가 흥륜사의 스님에게 어찌할지 물었다. 그랬더니 스님이 말했다.

 "언니에게 장가를 들면 세 가지 이익을 얻을 것이요, 동생에게 장가를 들면 세 가지 손해를 볼 것입니다."

 "세 가지 이익이 무엇입니까?"

 "언니와 결혼하면 왕(헌안왕)과 왕비의 뜻을 따르는 것이니 왕과 왕비가 기뻐해 당신에 대한 사랑이 점점 깊어질 것이 첫째 이득이요, 그 덕분에 왕이 될 것이니 둘째 이득이요, 왕이 된 뒤 마음에 두고 있던 둘째 딸을 후비로 맞아들이면 될 테니 그것이 곧 셋째 이득입니다."

"과연 그렇군요."

응렴은 스님의 말대로 하기로 했다. 첫째 딸과 결혼하겠다는 응렴의 결정에 헌안왕도 무척 기뻐했다. 결국 응렴이 헌안왕의 뒤를 이어 왕위에 올랐다.

헌안왕은 왕위에 오를 때 이미 늙은 나이였기 때문에 왕 노릇을 오래 하지 못했다. 그는 왕위에 있은 지 불과 3년 4개월 만인 861년 1월에 세상을 떠났다.

제48대 경문왕실록

당나귀 귀를 가진 경문왕

경문왕시대의 세계 약사

중국 당나라는 의종과 희종 시대로 쇠퇴기로 접어든 때였다. 곳곳에서 민란이 끊이지 않았고, 계주에서는 군란이 일어나 통치력이 마비되기까지 했다.
이때 사라센에서도 내분이 일어나 칼리프(마호메트의 후계자) 자리를 두고 서로 다투었고, 동로마에서는 바실레이오스 1세가 미카엘 3세를 죽이고 자립하는 사태가 벌어졌다. 로마 교황과 콘스탄티노플 관장이 서로를 파문하는 일도 벌어졌다.

헌안왕은 자신의 아버지를 죽인 집안의 자손인 응렴을 사위로 맞이했고, 그에게 왕위를 넘겨주었다. 헌안왕에게서 왕위를 받은 김응렴이 바로 제 48대 경문왕이다.

경문왕이 왕이 되었다는 것은 신라 왕실의 왕위 다툼이 끝났다는 것을 뜻했다.

경문왕에 대해서는 재미있는 이야기가 전해진다. 경문왕은 왕이 된 뒤부터 점점 귀가 커져 당나귀가 되었다는 이야기다.

당나귀처럼 귀가 커진 경문왕은 몹시 부끄러워서 귀를 가릴 수 있는 두건을 만들어 쓰고 다녔다. 왕의 귀가 당나귀 귀라는 사실을 알고 있는 사람은 두건을 만드는 기술자 한 사람뿐이었다.

그런데 이 기술자는 왕의 비밀을 지키다가 그만 병이 들었다. 그 비밀을 아무에게도 말하지 못해 답답했기 때문이다. 기술자는 숨을 거두기 전 도저히 참을 수가 없어서 대나무 숲으로 뛰어가 큰 소리로 외쳤다.

"임금님 귀는 당나귀 귀!"

그렇게 속 시원하게 큰 소리로 외치자 답답함이 사라지고 편한 마음으로 숨을 거둘 수 있었다.

하지만 그 뒤부터 대나무 숲에서는 바람만 불면 이상한 소리가 들렸다.

"임금님 귀는 당나귀 귀!"

경문왕은 이 소식을 듣고 깜짝 놀라 명령을 내렸다.

"대나무를 모조리 베어 버리고 산수유나무를 심어라."

그러자 그 뒤부터 '당나귀 귀'라는 소리가 사라졌다. 대신 바람만 불면 이런 소리가 들려왔다.

"우리 임금 귀는 크다네."

이 이야기는 경문왕이 귀는 크지만 백성의 소리에는 귀를 기울이지 않는 것을 비꼬아서 누군가가 일부러 지어 퍼뜨린 것으로 짐작된다.

실제로 경문왕은 백성들의 불평 소리에 귀를 기울이지 않아 반란을 맞기도 했다. 황룡사 탑을 세우기 위해 백성들에게 힘든 일을 3년 동안이나 시켰기 때문이다.

황룡사 탑은 본래 선덕여왕 시절에 만들어졌는데, 탑이 어찌나 큰지 높이가 9층으로 약 66미터나 되었다. 그런데 868년 6월 벼락을 맞아 무너졌다.

1. 경문왕 (846~875)

신라 제48대 왕(재위 기간 861~875)으로 희강왕의 손자다. 이름은 응렴이다.

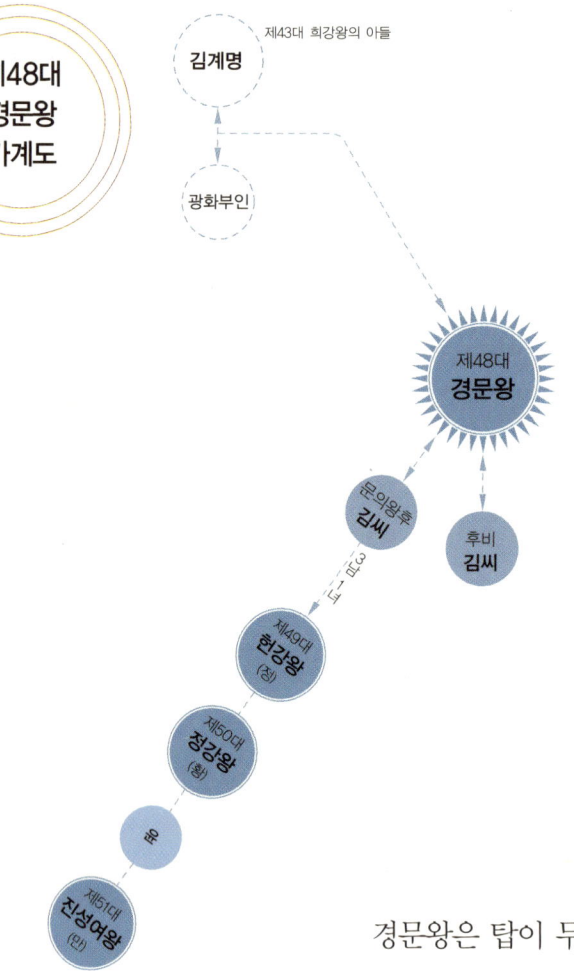

경문왕은 탑이 무너지고 3년이 지난 뒤 황룡사 탑을 다시 세우라는 명령을 내렸다. 공사는 3년이나 걸렸고 그동안 신라에는 흉년이 들고 전염병이 돌아 백성들이 길거리에서 죽어 나갔다. 그래도 경문왕은 아랑곳하지 않고 백성들에게 계속 일을 시켰다.

"배고파 죽겠는데 이까짓 탑을 세워서 뭘 한담?"

"가족들이 모두 병들어 누워 있는데, 이따위 공사를 하느라 돌봐 주지도 못했네."

"이 공사를 하다가 죽든지, 병이 들어 죽든지, 굶어 죽든지, 우리는 어차피 죽을 팔자야."

"왕이라는 놈이 백성들이 다 죽어도 눈 하나 깜짝하지 않다니!"

이렇게 불만을 쏟아 내던 백성들은 마침내 반란을 일으켰다. 백성들을 이끌고 반란을 일으킨 사람은 근종[2]이었다. 근종은 반란군을 이끌고 궁궐로 쳐들어갔다.

"백성의 말을 듣지 않는 왕을 끌어내자!"

"왕을 죽여야 우리가 산다!"

백성들은 이렇게 외치며 궁궐을 공격했지만 경문왕의 군대를 당할 수는 없었다. 결국 반란은 실패하고 반란의 지도자 근종은 경문왕 앞에 붙잡혀 갔다. 경문왕은 근종을 보자마자 무서운 소리로 명령했다.

"저놈을 수레에 매달고 달려서 온몸이 찢어져 죽게 해라!"

이렇게 무자비하게 반란을 제압한 경문왕은 그 뒤로도 백성들의 말에 귀를 기울이지 않고 지내다가 875년 서른 살의 나이로 숨을 거두었다.

2. 근종 (?~874)
이찬의 벼슬에 있다가 반란을 일으켰다.

황룡사 치미

치미는 옛 건축물의 지붕에 쓰이는 장식물로 황룡사 터에서 발굴되었다. 동양 최대 크기로 황룡사의 웅장한 규모를 짐작할 수 있게 한다.

국립경주박물관 소장

제49대 헌강왕실록  안정을 누린 헌강왕

1. 헌강왕 (?~886)
신라 제49대 왕(재위 기간 875~886)으로 경문왕의 맏아들이다. 이름은 정이다.

875년 9월 경문왕이 세상을 떠나자 그의 맏아들 헌강왕이 왕위에 올랐다. 헌강왕은 이때부터 10년 동안 나라를 다스렸는데, 신라에 오랜만에 평화와 안정이 깃들었다.

외적이 쳐들어오지 않았고 흉년이나 자연재해도 없었으며, 왕권을 두고 피를 흘리는 싸움을 벌이는 일도 없었다. 헌강왕은 한가롭게 사냥과 음악을 즐겼다.

어느 날 헌강왕은 신하들과 함께 높은 곳에 올라가 서라벌을 둘러보았다. 백성의 집이 늘어서 있는 마을들은 평화로웠고 곳곳에서 노랫소리가 들려오기도 했다.

헌강왕이 신하들에게 말했다.

"짐이 들건대, 지금 백성들은 짚이 아닌 기와로 지붕을 덮고, 나무가 아닌 숯으로 밥을 짓는다고 하니, 과연 그러한가?"

그러자 한 신하가 말했다.

"저도 그렇게 들었습니다. 대왕께서 왕위에 오르신 뒤부터 해마다 풍년이 들고, 백성들은 먹을 것이 넉넉합니다. 국경을 쳐들어오는 무리도 없어 온 나라가 평화로우니 이는 대왕의 어진 덕 덕분입니다."

헌강왕이 즐거워하며 말했다.

"이는 그대들의 도움 덕이지, 나에게 무슨 덕이 있겠소?"

이렇게 헌강왕이 즐거워하며 지낸 이 기간에 대해 《삼국유사》에서는 다음과 같이 적고 있다.

신라사 이야기

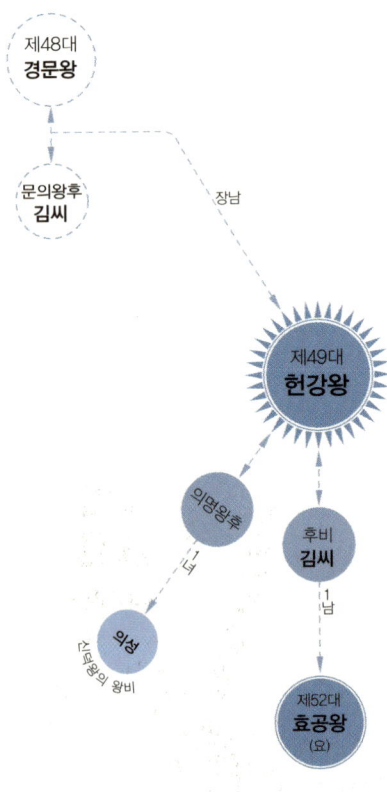

제49대 헌강왕 가계도

제49대 헌강대왕 때는 서라벌에서부터
동해 어귀에 이르기까지 집들이 총총히 늘어섰지만,
단 한 채도 초가집을 볼 수 없었고,
길거리에서는 음악 소리가 그치지 않았으며,
1년 내내 비바람마저 순조로웠다.

하지만 그것은 신라가 누린 마지막 안정이었다.

신라사 깊이 읽기

신라의 노래 향가와 〈처용가〉

향가는 신라시대부터 고려 전기까지 지어졌던 우리나라만의 고유한 시가를 일컫습니다.

현대의 시는 대부분 읽고 감상하는 데 그치지만, 옛날에는 노래처럼 불렸기 때문에 가요의 의미가 이름에 담겨 있답니다.

향가는 주로 화랑과 승려가 많이 지었는데, 그들이 향찰(신라 때 한자의 음과 뜻을 이용해 우리말을 적는 표기)을 자유롭게 쓸 수 있는 사회의 지도층이라서 남아 있는 작품이 많지 않았나 싶습니다.

지금까지 전하는 향가로는 《삼국유사》에 14수, 《균여전》에 11수로 모두 25수가 있습니다.

향가 가운데 특히 재미있는 향가를 꼽으라면 처용이 제 아내를 빼앗기고 지었다는 〈처용가〉를 들 수 있습니다.

처용은 진짜 서역(아라비아) 사람이었을까?

〈처용가〉를 지은 처용에 대한 이야기는 《삼국유사》에 다음과 같이 전하고 있습니다.

신라 제49대 헌강왕이 개운포(울산)에서 놀다가 돌아오는 길에 구름과 안개 때문에 길을 잃었다. 신하들이 "이는 동해 용왕의 조화이니 그 화를 풀어야 합니다."라고 해서 가까운

곳에 '망해사'라는 절을 세웠다. 그러자 곧 안개와 구름이 걷히고 용왕이 일곱 아들을 데리고 나타나 왕의 공을 칭송하고 춤을 추었다. 그런데 그 가운데 한 아들이 헌강왕을 따라와 나랏일을 도왔는데 그가 바로 처용이다.

왕은 처용에게 아름다운 처녀와 혼인해 살게 했는데, 역신(질병의 신)이 그녀의 아름다운 얼굴에 반해 사람으로 변신해 밤에 몰래 처용의 집에 찾아들었다.

깊은 밤 집에 돌아온 처용은 잠자리에 두 사람이 있자 마당에서 〈처용가〉를 부르며 춤을 추었다.

서라벌 밝은 달 아래 밤늦도록 노닐다가
들어와 자리를 보니 다리가 넷이로다.
둘은 내 것인데, 둘은 누구의 것인고?
본래 나의 것이었지만 빼앗긴 걸 어찌하리.

이 노래를 들은 역신이 처용 앞에 나타나 무릎을 꿇고 앉아 잘못을 빌었다.

"제가 당신의 아내를 탐냈는데도 화를 내지 않으니 크게 감동했습니다. 앞으로 당신 얼굴이 그려진 곳이라면 절대로 그 대문 안에 들어가지 않겠습니다."

그 일이 있은 뒤 신라 사람들은 집집마다 처용의 모습을 그려 붙여서 나쁜 귀신을 쫓고 복을 맞아들였다.

이 이야기에서는 처용이 동해 용왕의 아들이라고 하지만, 당시 서역(아라비아)과 신라가 개운포를 통해 교역한 것으로 미루어 그가 서역에서 건너온 사람일 거라는 설이 많습니다.

《삼국사기》에 실려 있는 신라 제49대 헌강왕 때 기록에는 처용에 대해 이렇게 묘사하고 있습니다.

'모양이 무섭고 차림새가 괴이하며 무성한 눈썹, 우그러진 귀, 붉은 얼굴색, 우뚝 솟은 코, 튀어나온 턱.'

이것은 분명 우리나라 고유의 인물 모습이 아닙니다. 우리와 다르게 생겼기 때문에 그 용모를 자세히 묘사한 것이라고

처용
《악학궤범》에 그려져 있는 처용의 얼굴이다.
국립중앙박물관 소장

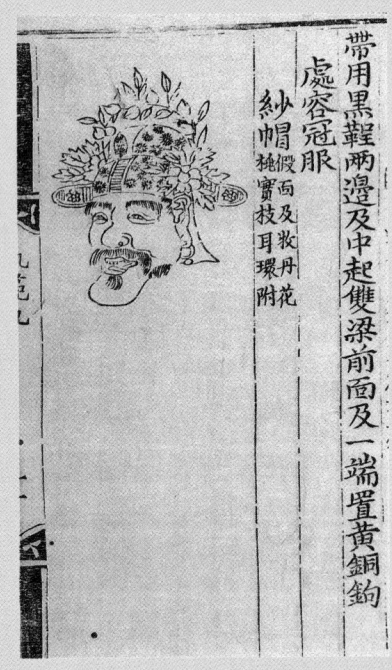

할 수 있습니다.

당시 동서양의 활발한 교역 통로였던 실크로드와 해상 무역로를 통해 신라에 들어온 문물로는 양탄자나 유리 공예품이 있었으며, 실제 경주의 괘릉에는 서역 사람의 얼굴로 보이는 석상이 떡하니 버티고 서 있습니다.

제38대 원성왕릉으로 추정되는 이 괘릉에는 풍채가 당당한 무인 상이 한 쌍 버티고 서 있는데, 그 모습이 《삼국사기》에서 묘사한 처용의 얼굴과 똑같습니다.

서역에서 신라로 건너와 아내도 얻고 정착한 사람 가운데 하나가 처용일 거라는 이야기지요.

실제 당시 아라비아 사람들은 신라를 이상향으로 표현했고, 신라에 서역 사람들이 머물렀다는 기록도 있는 것을 보면 아주 근거 없는 말이라고 할 수 없답니다.

제50대 정강왕실록

왕이 된 지 1년 만에 세상을 떠난 정강왕

1. 정강왕 (?~887)
신라 제50대 왕(재위 기간 886~887)으로 경문왕의 둘째 아들이다. 이름은 황이다.

정강왕¹은 경문왕의 둘째 아들로 헌강왕이 세상을 떠나자 왕위에 올랐다. 당시 헌강왕에게는 아들 요가 있었지만, 요는 태어난 지 몇 달 되지 않은 아기였다. 그래서 헌강왕의 동생인 황이 왕위에 오르게 되었다. 정강왕은 준흥을 시중으로 임명하고 조정을 꾸렸지만 그의 치세는 오래가지 못했다. 왕위에 오른 해에 흉년과 반란을 겪은 그는 곧바로 병에 걸려 자리에 눕고 말았다.

정강왕은 시중 준흥에게 유언을 남겼다.

"나의 병이 위급하니 후계자를 정하노라. 나에게 자식은 없으나 다행히 누이동생 만이 영리하니, 그대들이 그녀를 왕위에 세우도록 하라."

결국 헌강왕 때의 안정을 마지막으로 해 신라는 역사의 소용

돌이 속으로 빠져 들었다. 그리고 후삼국시대를 연 새로운 영웅들의 시대가 오고 천 년 왕국 신라의 역사는 막바지를 향해 치닫게 된다.

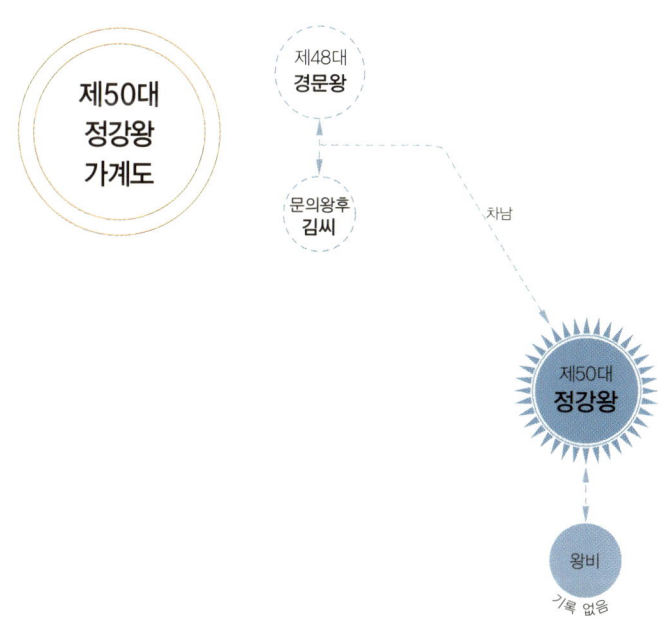

제51대 진성여왕실록

무능력한 진성여왕

무너지는 신라와 지방 호족들의 반란

정강왕이 왕위에 오른 지 1년 만에 병에 걸려 세상을 떠나자, 더 이상 왕위를 이을 남자가 없었다. 그리하여 경문왕의 딸이 왕위에 올랐으니, 선덕과 진덕에 이어 신라의 세번째 여왕인 진성여왕[1]이다.

진성여왕은 남편 위홍[2]에게 나랏일을 모두 맡겼다. 위홍은 진성여왕의 삼촌으로 당시 신라 왕실은 친족끼리 결혼했기 때문에 남편이 되었다.

하지만 위홍은 진성여왕이 왕위에 오른 다음 해에 세상을 떠나 버렸다.

"아, 위홍이 없으니 이제 나랏일을 어떻게 한단 말인가?"

진성여왕은 슬픔과 근심에 빠졌다. 이때 진성여왕의 유모였

---

1. 진성여왕 (?~897)
신라 제51대 왕(재위 기간 887~897)으로 경문왕의 딸이다. 이름은 만이다.

2. 위홍 (?~?)
진성여왕 때 최고 벼슬에 올라 나랏일을 책임졌다. 대구 화상과 함께 한국 문학사상 최초의 향가집 《삼대목》을 펴냈지만 전해지지 않는다.

던 부호부인이 말했다.

"왕께서 슬픔과 근심에 잠겨 있으니 제 마음이 너무 아픕니다."

"유모, 나랏일은 어렵고 앞일은 캄캄하니 어찌해야 할지 모르겠어."

"왕께서 시름에 빠져 있으면 큰일이오니 아름다운 남자를 보고 기쁨을 되찾기 바라옵니다."

부호부인은 진성여왕에게 잘생긴 남자들을 뽑아 바쳤다. 그때부터 진성여왕은 나랏일을 제쳐 두고 젊은 남자들을 애인으로 거느리며 노는 데만 정신을 쏟았다. 부호부인과 왕의 애인들은 권력을 휘두르며 나랏일을 온통 망쳐 놓았다.

그러자 지방의 호족들은 점점 왕실의 명령을 듣지 않았다. 뿐만 아니라 백성들을 마음대로 부리며 제 배만 불렸다. 나라의 질서는 무너지고 백성들은 고통스러워하니 반란이 일어날 수밖에 없었다.

"군주를 죽이고 사람답게 살아 보자!"

사벌주(경상북도 상주)의 원종, 애노, 아자개³ 등이 오늘날의 도지사와 같은 군주를 죽이고 반란을 일으켰다. 이들은 본래 농민인데 무거운 세금에 시달리다 못해 들고일어난 것이었다.

이 소식을 들은 진성여왕은 화들짝 놀랐다.

"사벌주에서 농민들이 군주를 죽이고 성을 차지했다고?"

"그러하옵니다."

"어허, 어떻게 이런 일이? 당장 군대를 보내 반란군을 처단하

3. 아자개 (?~?)

견훤의 아버지로 농사를 짓다가 군사를 일으켜 사벌주 성주가 되었다.

도록 하라."

하지만 진성여왕이 보낸 군대는 농민군을 당해 내지 못했다. 사벌주의 농민군이 왕의 군대를 물리치고 반란에 성공했다는 소문이 전국에 퍼지자 나라가 들썩거렸다.

"사벌주에서 아자개가 반란을 일으켜 성공했다며?"

"왕의 군사들이 맥도 못 추었다는군."

"우리도 참고 살아야 할 이유가 없지 않은가?"

"신라 왕실은 끝났어. 이제 왕실의 명령 따위는 들을 필요가

없어."

이렇게 떠들어 대던 지방의 호족들은 농민들을 꼬드겨서 지방 관청을 차지하고 곳곳에서 자기 세력을 만들었다. 그 가운데 사벌(상주)의 아자개, 죽주(안성)의 기훤[4], 청주의 청길, 북원(원주)의 양길[5], 중원(충주)의 원회 등이 대표적이었다.

"지방에서 도적들이 들끓는데, 지방 관청의 군사들은 무얼 하고 있는 것이냐?"

진성여왕은 발을 동동 구르며 군사를 출동시키라고 지방 관청에 명령을 내렸지만 이미 신라 왕실의 명령은 통하지 않았다. 그렇다고 해서 궁궐과 서라벌을 지키는 군사들을 지방으로 보낼 수도 없었다.

이렇게 신라는 빠른 속도로 무너지고 지방 호족들은 군사를 일으켜 독립했다. 이때부터 나라를 차지하기 위한 치열한 다툼이 벌어졌다. 이 다툼 속에서 강력한 군대를 만들어 승리를 거듭하며 나라를 세우는 새로운 영웅들이 나타났다. 바로 견훤[6]과 궁예[7]였다.

4. 기훤 (?~?)
891년 죽주에서 반란을 일으켜 세력을 이루었으며 궁예 등을 부하로 두었다.

5. 양길 (?~?)
889년 북원에서 반란을 일으켜 세력을 이루었으며 부하 궁예가 독립하자 궁예를 공격했으나 패배했다.

6. 견훤 (867~936)
후백제의 초대 왕이다. 상주 가은 현에서 아자개의 아들로 태어났으며 900년에 완산을 도읍지로 삼고 후백제를 세웠다.

7. 궁예 (857~918)
후고구려의 초대 왕이다. 신라 제47대 헌안왕의 아들로 태어났으며 901년에 후고구려를 세웠다.

새 국가를 세운 견훤과 궁예

'무진주(광주)를 점령해 내 것으로 만들리라!'

이렇게 마음먹은 견훤은 890년에 무진주를 차지했다. 그리고 892년에 완산주(전주)로 옮겨서 이곳을 도읍으로 삼아 스스로 왕이 되었다.

"무능력한 신라 왕실은 이제 끝났다. 나와 함께 나라를 새로 세우자."

견훤의 말에 백성들은 크게 기뻐했다. 백성들에게 고통만 안겨 주는 능력 없는 신라 왕실을 미워한 나머지 새로운 영웅에게 큰 기대를 걸었다.

"이곳은 백제의 땅이다. 신라가 망했으니 다시 나라를 세우고 백제라 하겠다."

견훤은 무너진 백제의 이름을 다시 역사 무대에 등장시켰다. 이는 신라 왕실의 명령을 따르지 않으며 반란을 일으키는 것과는 다른 행동이었다. 새로운 나라를 세우겠다는 것은 신라 왕실을 없애 버리겠다는 말과 같았다.

본래 견훤은 사벌주에서 반란을 일으켜 성공한 아자개의 맏아들이었다. 그는 신라 군의 직책 낮은 장교였다가 아자개의 반란을 도왔다. 하지만 아버지 밑에서 활동하지 않고 혼자 5,000명의 군사를 모아 신라의 서쪽과 남쪽을 휩쓸고 다녔다. 그리고 마침내 무진주와 완산주를 차지하고 나라를 세웠다.

《삼국사기》에는 이렇게 갑자기 나타나 신라를 뒤흔들어 놓은 견훤에 대해 다음과 같이 쓰여 있다.

견훤은 자라서는 체격과 용모가 웅장하고 기이하며, 생각과 기풍이 활달하고 비범했다. 그는 서라벌에 들어갔다가 서남쪽 바닷가로 가서 수자리(하급 군인)를 하게 되었는데, 잘 때도 창을 베고 적을 기다렸다. 그는 용기가 있어 항상 다른 군사들보다

앞장섰으며, 이러한 공로로 비장(하급 장교)이 되었다.

후백제를 세웠을 때 견훤의 나이는 스물여섯 살밖에 되지 않았다. 그 누구의 도움도 받지 않고 혼자서 5,000명의 군사를 모은 것도 대단한 일이지만, 나라를 세우고 스스로 왕이 된 것은 더욱 놀라운 일이었다.

견훤이 나라를 세우는 것을 보고 경쟁심을 가진 사람은 궁예였다.

"나이도 어린 견훤이 나라를 세웠는데, 내가 가만히 있을 수 없다."

궁예는 신라의 중부와 북부 지방을 차지하면서 휩쓸고 다니다가 901년 송악(개성)에 도읍을 정하고 나라를 세웠다.

"신라는 병들고 썩었다. 새 나라를 세워 백성을 구해 줄 것이니, 이 나라를 고구려라 하노라."

후고구려를 세운 궁예는 신라 제47대 헌안왕의 아들이었다. 궁예의 어머니는 이름도 알 수 없는 궁녀였는데, 궁예는 당시 신라 왕실의 복잡한 다툼 속에서 태어나자마자 죽을 뻔했다.

"이 아이는 불길한 날에 태어났을 뿐만 아니라 날 때부터 이가 있으니 나라에 커다란 재앙을 가져올 것입니다. 기르지 말고 죽여야 합니다."

한 신하가 이렇게 말하자 헌안왕은 궁예를 죽이기 위해 사람을 보냈다. 왕의 명령을 받은 그는 궁예를 다락 밑으로 던져 버렸다. 그때 유모가 다락 밑에 숨어 아기를 받아 궁예는 간신히 목숨을 건졌다. 하지만 이때 유모가 손가락으로 궁예의 눈을 찌르는 바람에 궁예는 애꾸눈이 되었다.

유모는 몰래 숨어 살면서 궁예를 키웠다. 그런데 궁예가 자라면서 점점 불량스럽고 거칠게 행동해 어느 날 유모는 그를 불러 말했다.

"오늘 너에게 들려줄 비밀이 있다."

유모는 그렇게 말한 뒤 갑자기 궁예에게 절을 올렸다.

"왕자님, 그동안 숨겨서 죄송합니다. 왕자님의 아버지는 헌안왕이십니다."

"그게 무슨 말씀입니까?"

궁예가 깜짝 놀라서 묻자 유모는 지난 이야기를 모두 들려주었다.

"왕자님, 이제 신분을 아셨으니 부디 훌륭한 사람으로 자라기를 바랍니다."

이 말을 들은 궁예는 그 뒤 절에 들어가 머리를 깎고 승려가 되었다. 출생의 비밀을 알고 충격을 받기도 했지만, 신라 왕실에서 자신을 찾아 죽일까 봐 두려웠기 때문이다.

하지만 궁예는 기회를 엿보다가 진성여왕 시절에 양길의 반란군에 들어갔다. 본래 죽주의 기훤 아래에 있다가 양길에게 간 궁예는 크게 활약해 894년에는 3,500명의 군사를 거느릴 정도가 되었다.

나날이 세력을 키워 가던 궁예가 898년 황해도와 평안도 일대, 경기도 일부 등을 차지하고 나라를 세우려 하자 양길은 크게 화를 냈다.

"궁예 놈이 감히 나라를 세우려 하다니! 내가 호랑이 새끼를 키운 것이 아닌가?"

양길의 부하들도 맞장구쳤다.

"궁예가 그런 야심을 품고 있는 것을 누가 알았겠습니까? 건방진 궁예를 당장 없애야 합니다."

"옳다. 당장 쳐들어가서 궁예의 목을 베어야겠다."

양길은 청길, 원회, 신훤 등과 손잡고 궁예를 공격했다. 신라의 중부, 북부 지방을 놓고 벌이는 한판 대결이었다. 궁예는 양길의 공격을 막아 내고 곧이어 양길과 그 무리를 공격해 완전히 물리쳤다. 그 뒤 궁예는 신라 중부, 북부 지역에서 가장 큰 힘을 가지게 되었으며 마침내 901년 후고구려를 세웠다.

이렇게 견훤과 궁예가 각각 백제와 고구려를 다시 세우면서 신라 왕실의 힘은 더욱 약해지고 수많은 영웅들이 승부를 다투는 후삼국시대가 펼쳐졌다.

8. 왕건 (877~943)

고려 제1대 왕 태조다. 궁예의 신하로 있다가 918년 궁예가 민심을 잃자 내쫓고 왕위에 올라 고려를 세웠다.

다시 시작된 삼국시대

"대야성을 차지하고 서라벌로 쳐들어가자!"

견훤은 901년 8월 대야성(합천)을 공격했다. 대야성은 서라벌로 가는 길목인 동시에 방어하기에 좋은 요새였다. 대야성을 차지하면 경상도 지역까지 손에 쥐는 것은 시간문제였다.

대야성 공격에 실패한 견훤은 계속 대야성을 노렸고 나주도 눈독을 들였다.

"나주는 우리 백제 땅 안에 있는데 우리가 차지하지 못한다는 것은 말도 안 된다. 나주성 공격은 어찌 되어 가고 있느냐?"

견훤이 묻자 신하들이 대답했다.

"나주성이 강하게 반항해 아직 무너뜨리지 못했습니다."

"그래도 계속 공격해라. 어차피 나주는 서라벌과 떨어져 있기 때문에 도와줄 군사도 없다. 결국에는 지쳐서 항복할 것이다."

그런데 이때 궁예도 나주를 노리고 있었다. 궁예는 자신의 부하 장수인 왕건[8]을 불러 말했다.

"왕 장군, 견훤이 나주를 아직 차지하지 못했으니 우리가 그곳을 차지하면 백제를 궁지에 몰아넣을 수 있을 것이오. 그렇지 않소?"

"그렇습니다."

"그런데 육지로 가서 나주를 공격하자면 백제 군과 싸워야 하니 힘들 것이오. 내 생각에는 왕 장군의 수군이 나주를 차지하는 것이 좋을 듯하오. 할 수 있겠소?"

대야성

신라 진흥왕 25년(565년)에 백제의 침입을 막기 위해 쌓은 성이다. 대부분의 성벽이 훼손되어 원형이 남아 있지 않고, 건물 터와 울타리의 흔적만 남아 있다.

경상남도 합천군 합천읍

　당시 왕건은 후고구려의 해군 대장군이었다. 그는 궁예에게 대답했다.

　"폐하, 우리 수군은 당할 자가 없으니 바닷길에서 강을 타고 나주로 들어가면 됩니다. 또한 나주의 호족들이 견훤을 두려워하니 그들을 잘 다독이면 우리 편으로 만들 수 있습니다."

　"왕 장군만 믿겠소. 반드시 나주를 차지하시오."

　왕건은 수군을 이끌고 나주로 공격해 나갔다. 그리고 나주의 호족들을 끌어들이는 데도 성공했다. 덕분에 견훤이 그렇게도 탐내던 나주를 왕건은 손쉽게 점령했다.

　이 소식을 들은 견훤은 매우 당황했다.

　"왕건이 수군을 이끌고 나주를 차지했다니, 이런 일이 있을 수 있단 말인가?"

　신하들도 당황하며 말했다.

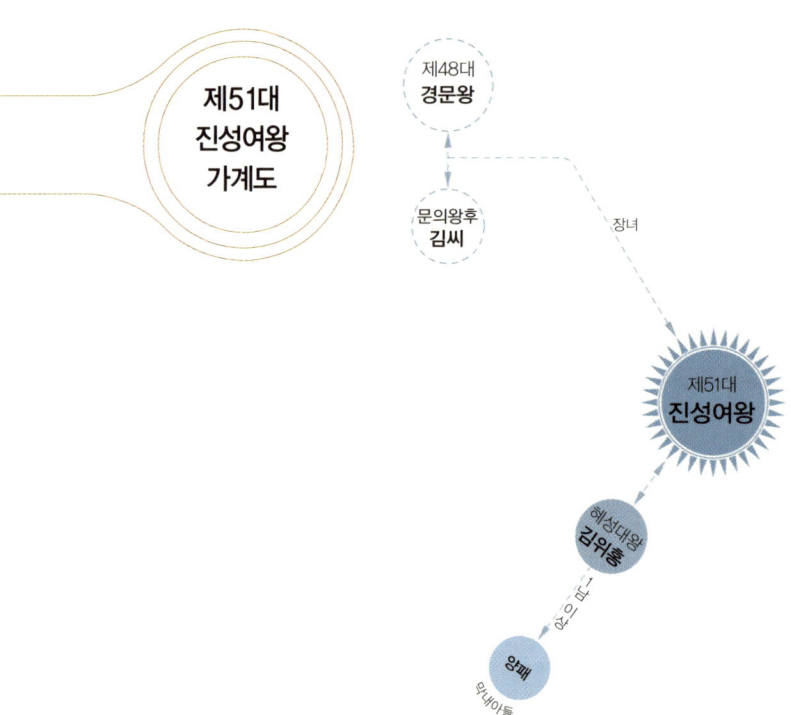

"왕건이 바닷길을 통해서 나주로 들어갈 줄은 몰랐습니다."

"왕건이 보통 놈이 아니로구나. 분하다. 당장 나주를 공격하고 수군은 바다를 손에 넣도록 하라."

견훤은 왕건이 차지한 나주를 공격하는 동시에 바다에 수군을 내보냈다. 왕건은 비록 견훤의 나주 공격을 막았지만 백제의 수군이 바다를 손에 넣자 위기감을 느꼈다.

"나주는 고구려에서 먼 곳이니 바다를 빼앗기면 나주를 지킬 수 없게 된다. 아무래도 바다에서 결판을 내야겠구나."

왕건은 909년 백제 수군을 공격해 크게 이기고 진도와 고이도까지 빼앗았다. 그 뒤 바다는 완전히 왕건 군대가 차지했고 바다를 빼앗긴 백제 군은 나주를 포기하고 물러날 수밖에 없었다.

하지만 견훤은 가만히 있지 않았다. 907년 일선(경상북도 선산)까지 나아가 주변에 있는 10여 성을 차지한 뒤 북쪽으로 백제의 영토를 계속 넓혀 갔다. 또한 나주성도 포기하지 않고 기회가 있을 때마다 계속 공격했다.

궁예 또한 고구려의 영토를 남쪽으로 넓히는 데 온 힘을 기울였다. 그래서 상주와 안동 지역까지 나아가 땅을 차지했다.

이렇게 되자 남쪽으로 내려오려는 고구려와 북쪽으로 올라가려는 백제는 결국 정면 대결을 벌였다. 그 때문에 서라벌 주변에서는 매일같이 궁예 군과 견훤 군의 전투가 펼쳐졌다.

신라 왕실은 궁예와 견훤의 대결을 마음 졸이며 지켜보는 처지가 되었다.

이렇듯 나라가 산산조각 나고 있는 시점에서 진성여왕은 894년 최치원이 상소로 올린 시국에 대한 의견 10여 조목을 받아들여 조정을 새롭게 하고자 했다. 나아가 최치원을 아찬으로 삼고 헌강왕의 서자 '요'를 태자로 삼아 정치의 안정을 꾀하고자 했으나, 왕실과 조정은 무기력한 상태에서 벗어나지 못했다.

9. 최치원 (857~?)
신라 말기의 대학자이자 문장가다. 강수, 설총과 함께 신라의 삼대 문장가로 꼽힌다. 열여덟 살 때 중국 당나라의 과거에 합격했으며, 황소의 난이 일어났을 때 〈토황소격문〉을 지어 이름을 떨쳤다.

제52대 효공왕실록

좌절하며 나랏일을 돌보지 않은 효공왕

효공왕시대의 세계 약사

중국 당나라에서는 이극용이 반란을 일으켜 전국이 전쟁의 소용돌이 속으로 빠져 들었다. 907년 주온이 애제를 폐하고 황제를 칭함에 따라 당나라는 몰락했고, 5대10국시대가 열렸다. 주온은 후량을 세웠으며 한편에서는 이극용이 세력을 키우고 있었다. 주온의 후량은 907년에 세워져 923년에 몰락했다. 이어 이극용이 923년 후당을 세워 936년까지 왕조를 이어 갔다.

나날이 기울어 가는 신라 왕실을 지키고 있던 진성여왕은 다음 왕위를 이을 적당한 사람이 없어서 고민에 빠졌다.

"도대체 누구에게 왕위를 물려주어야 할까?"

그러자 한 신하가 말했다.

"왕이시여, 헌강대왕의 핏줄이 궁궐 밖에서 살고 있습니다."

"그게 무슨 소리냐? 헌강대왕의 핏줄이라니?"

헌강왕은 사냥 구경을 하러 나갔다가 길에서 한 여인을 만나 잠자리를 같이한 적이 있었다. 그 여인이 낳은 아들 요가 궁궐 밖에서 살고 있었던 것이다.

이 사실을 알게 된 진성여왕은 어린 요를 불러들여 어루만지면서 말했다.

"내 형제자매의 골격은 남다른 데가 있는데, 이 아이의 등에

두 뼈가 솟구쳤으니 분명히 헌강왕의 아들이다."

진성여왕은 자신의 조카인 요를 태자로 임명했다. 897년 진성여왕이 병이 들어 세상을 떠나자 요가 왕위에 올라 제52대 효공왕¹이 되었다.

궁궐 밖에서 어렵게 살다가 어느 날 갑자기 왕이 된 효공왕은 할 수 있는 일이 별로 없었다. 이미 신라 왕실은 기울었고 지방에는 신라 왕실을 따르지 않는 사람들이 군사를 일으켜 휘젓고 다녔기 때문이다.

좌절한 효공왕은 어여쁜 여인을 애인으로 삼아 지내면서 시간을 보냈다.

"너라도 없으면 내가 어찌 살 수 있겠느냐?"

효공왕은 나랏일은 아예 제쳐 두고 늘 그 여인과 놀기만 했다. 이 모습을 보다 못한 신하 은영이 말했다.

"왕이시여, 천하가 어지러우니 나랏일을 돌보시옵소서."

"나랏일이야 그대들이 알아서 하시구려."

효공왕이 들은 척도 하지 않자 은영은 화가 나서 왕의 애인을 죽여 버렸다.

은영은 효공왕의 부인인 왕비 박씨의 조카였다. 이 사건이 있은 뒤 효공왕은 왕권을 빼앗긴 허수아비 왕이 되었고 급기야 912년 4월에 죽음을 맞이했다.

그의 뒤를 이어 왕비 박씨의 오빠가 왕위에 오르는데, 이로써 내물왕 이후 지속되던 김씨 왕실이 효공왕시대에 이르러 몰락하게 되었다.

1. 효공왕 (886~912)
신라 제52대 왕(재위 기간 897~912)으로 헌강왕의 아들이다. 이름은 요다.

144　신라사 이야기

제52대 효공왕 가계도

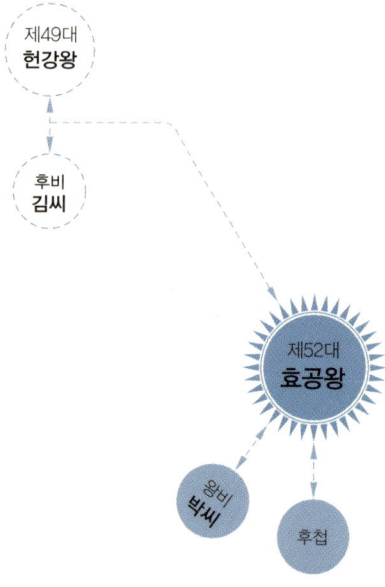

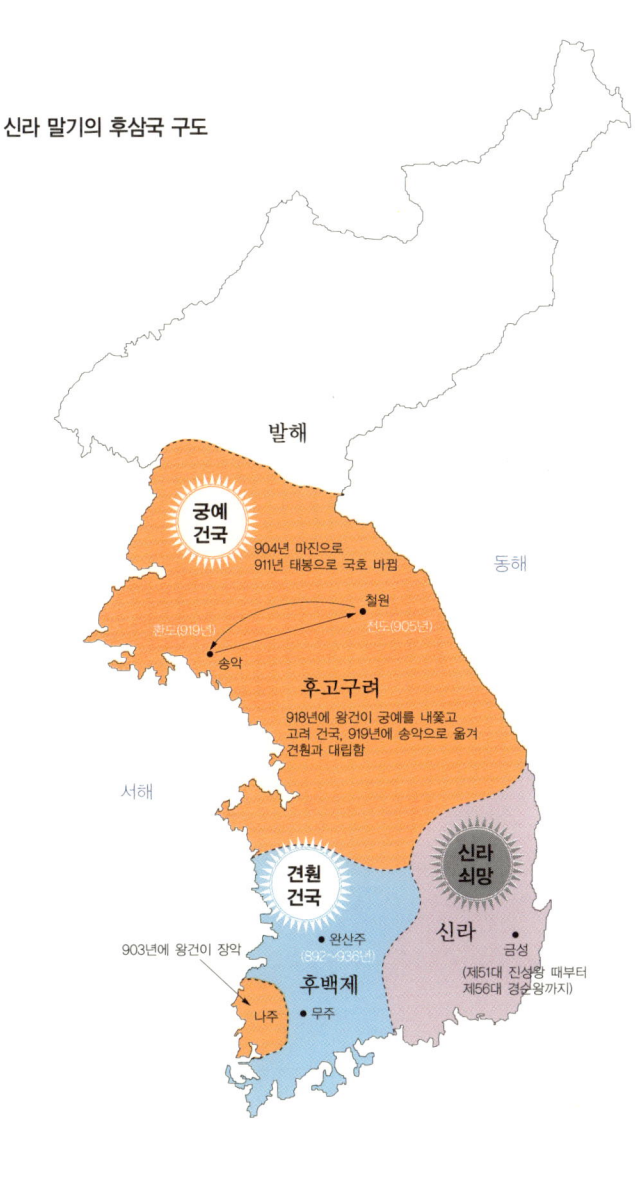

신라 말기의 후삼국 구도

제53대 신덕왕실록

새롭게 박씨 왕조를 연 신덕왕

1. 신덕왕 (?~917)
신라 제53대 왕(재위 기간 912~917)이며 신라 제8대 아달라왕의 후손이다. 이름은 박경휘다.

왕의 애인을 죽여 버린 은영은 효공왕의 부인인 박씨 왕비의 조카였다. 신라 박씨는 제8대 아달라왕 이후 왕위를 석씨에게 내주고, 제17대 내물왕 이후에는 김씨가 계속 왕위를 이었다. 하지만 효공왕이 세상을 떠난 뒤 박씨가 왕위를 차지했다.

효공왕에 이어 왕이 된 신덕왕[1]은 은영의 큰아버지이자 효공왕 왕비의 오빠였다. 신덕왕 이후에 왕위를 이은 경명왕과 경애왕은 신덕왕의 아들이었다.

신라 김씨 왕조는 효공왕을 마지막으로 끝났다. 물론 신라의 마지막 왕 경순왕이 김씨이기는 하지만 견훤이 서라벌을 차지하고 강제로 세운 왕이니, 사실상 김씨 왕조는 이때 끝났다고 할 수 있다.

하지만 새롭게 박씨 왕조를 연 신덕왕은 왕위를 오래 지키지 못했다. 그는 왕위에 오를 때 이미 나이가 많은 상태였다. 그래서 왕이 된 지 불과 5년 만인 917년에 세상을 떠났다.

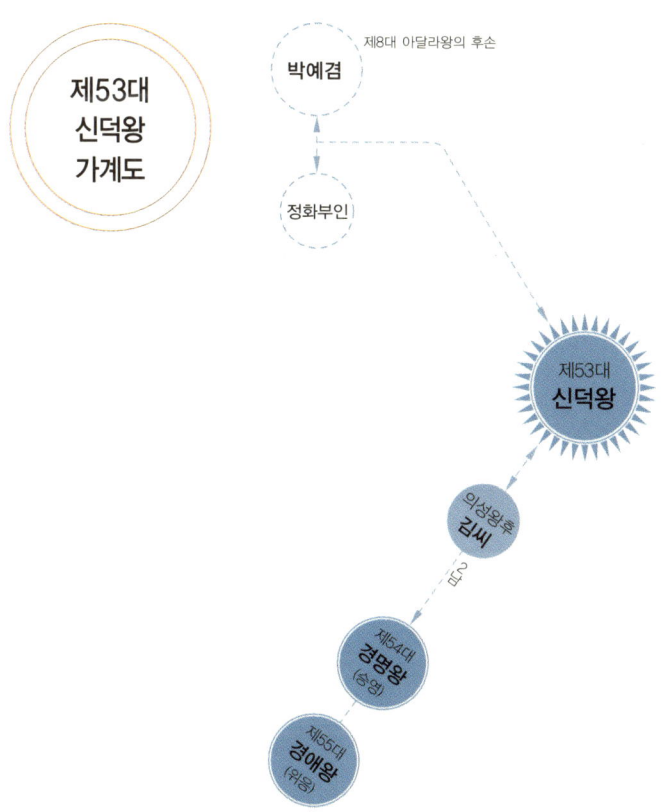

제54대 경명왕실록

고려와 외교 관계를 맺은 경명왕

왕건이 궁예를 죽이고 고려를 세우다

901년 고구려를 세운 궁예는 904년 나라 이름을 마진으로 바꾸고 도읍을 철원으로 옮겼다. 그리고 911년에는 또다시 나라 이름을 태봉으로 바꾸고 나라의 법과 제도를 새로 마련했다.

이 무렵 궁예는 호족 세력을 누르고 강력한 왕권을 갖기 위해 노력했다.

"왕권이 강력해야 나라가 안정되고 그래야 백성을 구원할 수 있다."

하지만 궁예의 이런 생각에 호족들은 반발했다.

"왕이 욕심이 너무 큰 것이 아닙니까?"

"이 나라는 여러 지방의 호족들이 손잡고 세웠는데, 왕이 이제와 호족들에게서 힘을 다 뺏으려 하는 것이 아닙니까?"

궁예는 호족들이 이렇게 쑥덕거리며 반발할수록 왕권을 더욱 강화하려 했다. 그러자 호족들 사이에서는 궁예가 점점 포악한 독재자가 되어 가고 있다는 말이 떠돌기 시작했다. 이런 상황에서 궁예는 자신에게 조금이라도 도전하는 사람은 가차 없이 죽여 버렸다.

본래 궁예는 신라 왕실에게 고통당하는 백성을 구원하겠다고 나섰으며 실제로 백성들의 환영을 받았다. 하지만 호족들과 사이가 틀어지면서 점점 변해 갔다. 자신이 관심법(마음을 들여다보는 술법)으로 사람의 마음을 읽을 수 있다면서 의심이 가는 신하들에게는 죄를 뒤집어씌워 죽이기도 했다.

궁예가 이렇게 변해 가자 백성들은 점점 그를 두려워하고 싫어했다. 그때 백성들에게 새롭게 큰 인기를 얻은 인물이 있었으니, 그가 바로 왕건이다.

왕건은 나주를 점령한 뒤 큰 공을 계속 세우며 신하들 사이에서나 백성들 사이에서 최고의 인기를 누렸다.

궁예도 그런 사실을 모르지 않았다. 그래서 왕건을 불러 은근히 속마음을 떠보기도 하고 위협을 하기도 했다. 하지만 궁예는 왕건을 믿고 있었다.

하지만 왕건은 그런 궁예가 언제 자신을 죽일지 모른다며 불안해했다.

'왕은 지금 정상이 아니다. 이번에는 겨우 목숨을 건졌지만 다음에는 나를 죽일지도 모른다.'

1. 홍유 (?~936)
경상도 의성에서 태어났다. 무장 출신인데도 말을 잘하고 논리가 뛰어나 왕건을 설득해 왕으로 세웠다.

2. 배현경 (?~936)
경주에서 태어났다. 용맹하고 무예가 뛰어나 많은 공을 세워 궁예 아래에 있을 때 병졸에서 장군까지 올랐다.

3. 신숭겸 (?~927)
전라도 곡성에서 태어났으나 그 뒤에 춘천으로 옮겨 터전을 잡았다. 궁예가 후고구려를 세우자 그 아래로 들어갔으며 신씨 성은 왕건에게서 받았다.

4. 복지겸 (?~?)
홍유, 배현경, 신숭겸과 함께 고려 개국 1등 공신으로 면천 복씨의 시조다.

5. 경명왕 (?~924)
신라 제54대 왕(재위 기간 917~924)으로 신덕왕의 맏아들이다. 이름은 승영이다.

그 무렵 왕건과 친하게 지내던 홍유[1], 배현경[2], 신숭겸[3], 복지겸[4]의 네 장수가 찾아와 궁예를 내쫓고 새로운 왕조를 세우자고 말했다.

왕건은 처음에는 그들의 제의를 거절했다. 하지만 밖에서 그들의 이야기를 엿듣고 있던 부인까지 나서 혁명을 일으켜야 한다고 설득하는 바람에 마침내 궁예를 내쫓기로 결심했다.

왕건은 곧 군사를 모아 궁예가 있는 궁궐로 쳐들어갔다. 그러자 눈 깜짝할 사이에 궁궐이 함락되었다. 궁예는 그 소식을 듣고 변장한 채 대궐을 빠져나갔다. 하지만 철원에서 멀지 않은 평강 땅에서 농부에게 죽음을 당하고 말았다.

왕건이 혁명에 성공해 918년 6월 새로운 왕조를 열었으니, 이것이 바로 고려 왕조다. 그 뒤 천하는 왕건과 견훤이 서로 세력을 다투게 되었고, 신라 왕실은 고려와 백제의 눈치를 살피며 어느 곳에 빌붙어 살 수 있을까 고민하는 처지가 되었다.

고려에 빌붙은 경명왕의 외교

왕건이 고려를 세울 당시 신라의 왕은 경명왕[5]이었다. 경명왕은 신덕왕의 맏아들로 917년 7월 신덕왕이 세상을 떠나자 왕위에 올랐다. 그리고 918년 6월 왕건이 고려를 세우자 신하들을 불러 모아 놓고 물었다.

"왕건이 궁예를 몰아내고 나라를 새로 세웠다는데, 이것이 우리에게 이로운가, 해로운가?"

그러자 신하들이 대답했다.

"들리는 말에 따르면 왕건은 성품이 너그럽고 겸손해 함부로 사람들을 해치지 않는다고 하니 신라 왕실을 당장 위협할 것 같지는 않습니다."

"견훤은 신라를 못 잡아먹어서 안달인데 고려가 신라 왕실을 도와줄 수 있으면 좋겠구나."

신라는 고민에 빠졌다.

그런데 얼마 뒤 918년 9월 상주의 아자개가 왕건 아래로 들어가 버렸다. 아자개는 왕건과 대결하고 있던 견훤의 아버지였다.

왕건은 아자개를 극진하게 대우했다.

아자개와 견훤은 오래전부터 사이가 좋지 않았다. 견훤은 아버지의 힘을 빌리지 않고 혼자 힘으로 나라를 세우고 아자개의 상주성을 차지할 욕심만 부리는 통에 사이가 더 나빠졌다.

왕건은 아자개를 위해 큰 잔치를 베풀었을 뿐만 아니라 그의 가족에게까지 높은 대우를 해 주었다.

이 소식을 들은 지방 호족들은 크게 감탄했다.

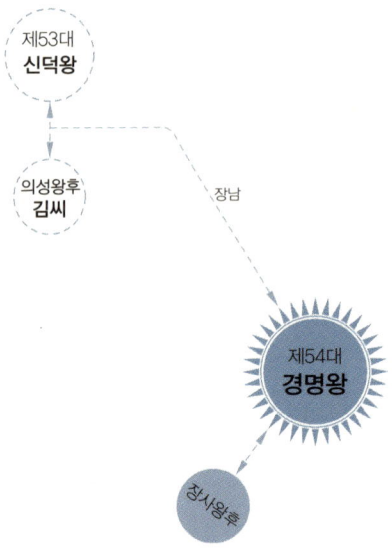

경명왕 또한 이 소식을 듣고 흥분해서 신하들을 불러 모아 말했다.

"왕건이라면 견훤으로부터 신라 왕실을 지켜 줄 수 있지 않겠느냐?"

"충분히 그럴 만한 인물입니다. 고려와 친하게 지내는 것이 좋을 듯합니다."

경명왕은 920년 3월 고려에 사신을 보내 정식으로 외교 관계를 맺었다. 경명왕이 고려에 손을 내밀자 신라의 지방 호족들도 차례차례 고려와 손잡겠다는 소식을 보내왔다.

왕건은 이런 지방 호족들과 경명왕의 신라 왕실에게 항상 예의를 갖추었다. 그리고 이들을 끌어안아 고려의 힘을 더욱 크게 키웠다.

경명왕이 고려와 손을 잡은 것은 살아남기 위한 전략이었다. 왕건이 견훤으로부터 신라를 지켜 주었기 때문에 이 전략은 성공한 것처럼 보였다. 하지만 한 나라의 운명을 다른 나라에 맡기는 것은 바람직한 일이 아니었다. 더구나 이 일로 신라 왕실에 더욱 이를 간 사람이 있었다.

"신라 왕실이 왕건에게 빌붙다니! 내 반드시 신라 왕실을 끝장내고 말리라."

견훤은 아버지가 왕건에게 가 버린 뒤 분통을 터뜨렸고 이 분노는 결국 신라 왕실로 향했다.

고려에 의존한 덕분에 정치적 안정을 되찾은 경명왕은 923년 후당에 조공 외교를 펼치는 등 오랜만에 외교에도 노력을 기울였다.

경명왕은 이렇듯 쇠퇴해져 가는 신라를 유지하기 위해 고려와 후당에 생존을 위한 외교전을 펼치며 앞날을 대비하고자 했다. 하지만 불행히도 몸이 건강하지 못해 병에 걸려 자리에 눕고 말았다.

신라 왕조를 지키기 위해 안간힘을 쓰던 경명왕은 왕위에 오른 지 7년 1개월 만인 924년 8월 삶을 마감했다.

제55대 경애왕실록

스스로 목숨을 끊은 경애왕

1. 경애왕 (?~927)
신라 제55대 왕(재위 기간 924~927)이며 신덕왕의 아들이다. 이름은 위응이다.

경애왕¹은 신덕왕의 아들이며 경명왕의 동생이었다. 그는 924년 8월 경명왕이 세상을 떠나자 왕위에 올랐다. 경애왕은 왕이 되자마자 고려에 사신을 보내 왕건과 더 가깝게 지내려고 했다.

그러던 925년 10월의 어느 날, 왕건은 신하들이 전하는 기쁜 소식을 들었다.

"폐하, 고울부(경상북도 영천) 장수 능문이 폐하의 신하가 되겠다고 합니다."

신라의 경명왕과 경애왕이 고려와 외교 관계를 맺고 왕건과 가깝게 지내면서 신라의 지방 호족들은 하나씩 고려에 항복해 왔다. 고울부의 장수 능문도 그 가운데 하나였다.

"고울부라고 했느냐?"

왕건이 조심스럽게 다시 물었다.

"네, 그렇습니다."

생각에 잠겨 있던 왕건이 말했다.

"고울부의 장수 능문은 신하로 받아들일 수 없다."

신하들이 깜짝 놀라 물었다.

"폐하, 어찌 굴러 들어온 호박을 걷어차려고 하십니까?"

"고울부는 서라벌과 아주 가깝다. 그래서 고울부를 차지하면 머지않아 서라벌도 차지할 수 있을 것이다. 바로 그것 때문에 지금은 고울부를 차지하면 안 된다."

신하들이 고개를 갸우뚱하며 이유를 물었다.

"우리가 고울부를 차지하면 서라벌의 신라 왕은 두려움에 떨 것이다. 언제 고려 군이 서라벌을 차지하려 할지 모른다는 생각에 잠도 못 잘 것이다. 우리는 신라와 외교 관계를 맺고 있으니 경애왕에게 두려움을 안겨 주어서는 안 된다."

그제야 신하들은 고개를 끄덕였다.

"그렇지만 신하가 되겠다고 찾아온 사람을 그냥 내칠 수는 없다. 능문은 경애왕을 섬기게 하고 능문의 부하들은 나의 신하로 만들도록 하라. 그러면 경애왕도 안심시키고 능문도 섭섭해하지 않을 것이다."

왕건은 이렇게 경애왕과 신라 왕실을 배려했다. 신라는 어차피 기울어졌기 때문에 고려가 굳이 신라 왕실과 등을 돌릴 이유가 없었다. 어차피 견훤만 항복시키면 신라 왕실은 자연스럽게 고려에 항복할 수밖에 없었다.

이 무렵 고려에는 신라의 지방 호족들뿐만 아니라 거란에게 무너진 발해의 귀족들도 찾아왔다. 왕건은 이들을 모두 따뜻하게 맞아 주었다. 고려는 민족을 통합하는 중심 세력으로 성장하고 있었다.

견훤의 백제도 고려에 못지않게 성장했다. 견훤의 아버지 아자개가 왕건에게 상주성을 바치는 바람에 큰 충격을 받았지만 오히려 백제의 질서는 고려보다 더 튼튼했다.

고려와 백제는 서로 밀고 밀리는 싸움을 벌이다가 잠시 화친을 맺게 되었다.

이를 안 경애왕은 왕건에게 사신을 보내 말렸다.

"견훤은 이랬다저랬다 속임수를 많이 써서 화친할 사람이 못 됩니다."

왕건은 경애왕이 전한 말에 고개를 끄덕이면서도 일단 백제와의 화친을 취소하지 않았다.

이때 고려와 백제는 화친을 위해 서로 인질을 주고받았다. 견훤은 사위인 진호를 고려에 보냈고 왕건은 사촌 동생 왕신을 백제로 보냈다. 그런데 진호가 그만 병이 나서 죽고 말았다.

이 소식을 들은 견훤은 크게 화를 냈다.

"진호가 죽었다고? 왕건 놈이 내 사위를 죽이고 병으로 죽었다고 거짓말하는 것이 아니냐?"

견훤은 왕신을 죽여 버리고 고려를 공격했다. 왕건은 공격을 막기만 하고 싸우지 말라고 명령했다.

이 소식을 들은 경애왕은 다시 사신을 보내 말을 전했다.

"견훤은 약속을 깨고 싸움을 걸어 왔으니, 하늘이 반드시 그를 돕지 않을 것이오. 만일 대왕께서 공격하면 견훤은 반드시 스스로 무너질 것이오."

그러자 왕건이 답했다.

"견훤을 두려워하지 않소. 다만 그의 죄악이 가득 차서 스스로 넘어질 때를 기다리는 것뿐이오."

사실 백제 군은 만만한 상대가 아니었다. 견훤은 백발을 휘날리는 나이가 되어서도 직접 전쟁터에 나와 군사를 이끌며 강한 모습을 보여 주었다. 왕건은 백제 군과 무작정 정면에서 맞서기보다는 피해를 적게 입으면서 싸워 이길 방법을 찾고 있었다.

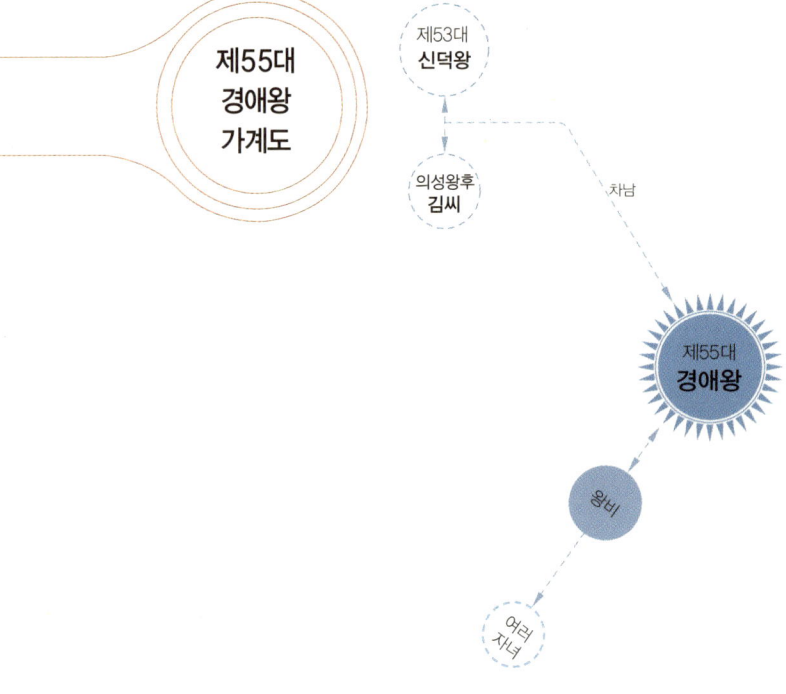

이때 견훤은 왕건에게 왕신의 시체를 보냈다.

왕신의 시체를 본 왕건은 머리끝까지 화가 났다.

"백제 군을 당장 공격하라!"

왕건의 명령을 받은 고려 군은 운주(충청남도 홍천)를 공격해 무너뜨리고 그곳 성주 궁준을 그 자리에서 죽여 버렸다. 그렇지만 왕건이 무작정 화가 나서 싸움에 뛰어든 것은 아니었다.

"웅주성(공주)을 공격하면 견훤은 웅주성으로 백제 군을 모을 것이다. 그때 재충과 김락은 몰래 군사를 끌고 가서 대야성(경상남도 합천)을 공격해 점령하라."

웅주성을 공격하는 척하면서 사실은 대야성을 차지하겠다는 영리한 계획이었다. 대야성은 견훤이 20년 동안이나 공격해서 겨우 차지한 귀중한 곳이었다.

결국 왕건의 계획이 성공해 대야성을 차지했다. 이렇게 되자 대야성 주변의 백제 장수들도 왕건에게 항복했다.

견훤은 가슴을 치며 분통을 터뜨렸다.

"이번에 왕건이 성공한 것은 신라 왕실이 도왔기 때문이다. 대야성까지 빼앗긴 마당에 더 이상 참을 이유가 없으니, 당장 서라벌로 쳐들어가 경애왕의 목을 베자."

견훤은 군사를 이끌고 서라벌로 쳐들어갔다. 놀란 경애왕은 왕건에게 도움을 부탁했지만 고려 군이 서라벌에 도착하기도 전에 견훤의 군대가 궁궐로 들이닥쳤다.

그때 경애왕은 왕비와 함께 궁궐 안에 숨어 있다가 백제 군이 몰려오자 스스로 목숨을 끊었다.

《삼국사기》와 《고려사》에는 이때 경애왕이 포석정에서 잔치를 베풀며 놀고 있었다고 기록되어 있으나, 당시 상황으로 봐서는 전혀 설득력이 없는 설명이다. 고려의 역사가들이 신라는 멸망할 수밖에 없었다는 사실을 강조하기 위해 그렇게 쓴 것으로 보인다.

포석정

경주 남산 서쪽에 있는 정자 및 연회 장소다. 그러나 포석정에 쓰임에 대해서는 여러 학설이 있다.

경상북도 경주시 배동

제56대 경순왕실록 — 신라의 마지막 왕 경순왕

"경애왕이 죽었으니 신라에 새 왕을 세워야겠구나. 누가 좋을까?"

견훤은 곰곰이 생각하다가 말했다.

"신라 박씨 놈들은 나를 미워하고 왕건에게 빌붙었으니 왕이 되어서는 안 된다. 김씨의 후손인 김부가 왕위를 잇도록 하라."

이렇게 해서 왕위에 오른 김부는 신라 제46대 문성왕의 자손이었다. 그는 견훤의 손에 끝장나 버린 신라 왕조를 그 뒤 8년 동안 유지하다가 왕건에게 나라를 바쳤다.

고려에 나라를 바치기 이전에도 신라는 스스로 나라를 꾸려 갈 능력이 되지 않았다. 그렇다고 자기를 왕으로 세운 견훤과 친하게 지낼 수는 없었다. 신라 사람들이 모두 견훤을 원수처럼 생각하고 있었기 때문이다. 그래서 별수 없이 고려와 친하게 지낼 수밖에 없었다.

견훤이 경애왕을 죽게 한 뒤 경순왕¹을 세워 놓고 백제 땅으로 돌아갈 때, 왕건은 경애왕의 요청을 받고 군대를 이끌고 달려오고 있었다.

하지만 신라 땅에 도착하고 보니 경애왕은 이미 목숨을 끊은 뒤였고, 견훤은 군대를 이끌고 백제로 돌아가고 있었다.

왕건이 부하들에게 말했다.

"우리가 먼저 공산(경상북도 팔공산)으로 달려가 군대를 숨겨 뒀다가 백제 군을 치면 견훤을 사로잡을 수 있다."

왕건은 곧 부하 5,000명을 이끌고 팔공산으로 달려갔다. 하지만 불행히도 그곳엔 백제 군이 이미 숨어서 기다리고 있었

1. 경순왕 (?~978)

신라 제56대 왕(재위 기간 927~935)으로 문성왕의 후손이다. 이름은 김부다.

팔공산

927년 고려와 백제가 치열하게 전투를 벌였던 곳이다.

대구광역시 동구

2. 김락 (?~927)

고려의 장군으로 백제와의 전투에서 왕건을 구하고 신숭겸과 함께 전사했다.

다. 왕건은 결국 이 싸움에서 부하를 모두 잃고, 아끼던 부하 장수 김락²과 신숭겸까지 잃었다.

신숭겸은 고려 군이 백제 군에 포위되자 왕건에게 말했다.

"전하, 이젠 달아날 방법이 없습니다. 제가 전하의 갑옷을 입고 전하의 어차를 타고 저들과 싸우겠나이다. 그러는 사이 전하는 변장하고 이곳을 빠져나가소서."

신숭겸의 충성심 덕분에 왕건은 가까스로 혼자 빠져나와 목숨을 건졌다.

그 뒤로도 백제와 고려는 끊임없이 싸웠다. 그들은 이기고 지는 것을 거듭했기 때문에 누가 승자가 될지 알 수 없었다.

이때 경순왕은 이렇게 생각했다.

'저들 가운데 누구 하나라도 너무 강해져서는 안 된다. 그러면 우리 신라는 망하게 된다.'

경순왕은 그런 판단을 하며 왕위에 오른 뒤 8년 동안 백제와 고려의 싸움을 지켜보았다.

그런 가운데 뜻밖의 사건이 일어났다.

935년 3월 견훤의 맏아들 신검³이 반란을 일으켜 견훤을 금산사에 가두고 태자 금강을 죽여 버렸던 것이다. 그리고 신검은 견훤의 세력을 모두 없애 버렸다.

3개월 뒤 금산사에 갇혀 있던 견훤은 어렵게 빠져나와 고려에 귀순해 버렸다.

견훤이 귀순해 오자 왕건은 너무나 기뻐했다.

"아, 이제 우리 고려가 삼한을 통일하게 되었도다."

왕건은 견훤을 극진히 대접하며 '상부'라고 불렀다.

3. 신검 (?~936)

견훤이 넷째 아들 금강에게 왕위를 물려주려고 하자 불만을 품고 금강을 죽인 뒤 후백제 제2대 왕이 되었다.

그 소식을 듣고 경순왕은 이렇게 생각했다.

'왕건은 덕이 있는 사람이다. 세상은 이제 왕건의 손아귀에 쥐어질 것이다. 더 늦기 전에 왕건에게 나라를 바쳐야겠다.'

경순왕은 자신의 뜻을 신하들에게 말했다.

"사방의 국토가 모두 다른 사람 손에 넘어갔고, 나라는 쇠락해 나는 더 이상 왕 노릇을 할 수 없게 되었다. 그래서 우리가 살길은 고려에 항복하는 길밖에 없다고 판단했다."

그 말을 듣고 경순왕의 태자가 강하게 반대했다.

"나라가 유지되고 멸망하는 것은 하늘의 뜻에 달려 있습니다. 충신과 의로운 백성들을 모아 힘을 만들면 다시 나라를 일으킬 수도 있습니다. 비록 망한다고 하더라도 싸워 보지도 않고 남에게 나라를 넘겨주는 것은 있을 수 없습니다."

경순왕릉

신라의 마지막 왕인 경순왕의 능이다. 신라 왕릉 중 유일하게 경주지역을 벗어나 경기도에 위치하고 있다.

경기도 연천군 장남면

하지만 경순왕은 고개를 가로저었다.

"우리가 계속 버티고 있으면 죄 없는 백성들만 죽게 된다."

경순왕은 곧 김봉휴[4]를 고려에 보내 항복의 뜻을 밝혔다. 그러자 태자는 비통한 표정으로 통곡하고 왕에게 하직 인사를 했다. 그리고 개골산(금강산)으로 들어가 영원히 나오지 않았다.

그는 개골산 아래에 집을 짓고, 삼베옷을 입은 채 풀잎을 먹으며 일생을 마쳤다고 한다. 그 때문에 그를 '마의태자' 라고 부른다. 마의태자란 '삼베옷을 입고 사는 태자' 라는 뜻이다.

경순왕이 항복하자 왕건은 사신을 보내 항복을 받아들인다는 말을 전해 왔다. 그리고 경순왕을 송악으로 초청했다.

경순왕이 송악에 이르자 왕건은 송악성 바깥까지 나와서 맞이했다.

"어서 오시오. 그대가 하늘의 뜻을 알고 백성들을 위해 이런

4. 김봉휴 (?~?)

신라 경순왕 때의 문신이다. 시랑 벼슬에 있던 그가 경순왕의 항복 문서를 왕건에게 갖다 바침으로써 신라 역사는 종지부를 찍었다.

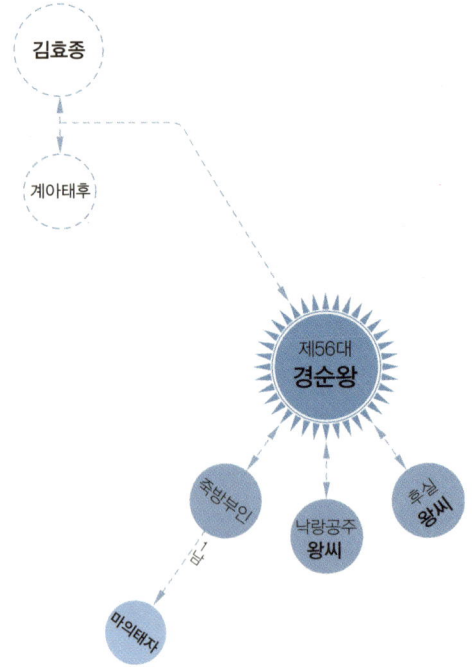

위대한 결심을 했으니 저절로 고개가 숙여지는 바요."

왕건은 경순왕을 정승공에 봉하고, 태자보다 높은 지위를 주었다. 또 자신의 딸 낙랑공주[5]를 경순왕에게 시집보냈으며 신라의 이름을 '경주'로 바꾸었다. 왕건은 경주 땅을 경순왕에게 식읍으로 주어 다스리게 했다.

이렇게 하여 신라의 천년 역사는 허무하게 막을 내렸다.

한편 견훤과 경순왕을 모두 자기편이 되게 한 왕건은 936년 9월 군대를 동원해 신검을 공격했다. 신검은 백제의 모든 군대를 동원해 저항했지만 왕건의 상대가 되지 않았다. 그래서 왕건은 결국 후삼국시대를 끝내고 다시 삼한을 통일했다.

경순왕은 삼한이 통일된 뒤에도 무려 42년을 더 살다가 978년에 세상을 떠났다. 그의 능은 경기도 연천군 백학면 고랑포리에 있다.

5. 낙랑공주 (?~?)

왕건의 맏딸로 신랑궁부인이라고도 한다. 충주 호족 유긍달의 딸인 신영태후 유씨가 그녀의 어머니다.

신라사 깊이 읽기

신라 시대를 거쳐 간 중국의 국가들은 몇 나라나 될까?

신라는 무려 992년 동안 왕조를 유지한 나라입니다. 이 기간 동안 중국에는 엄청난 변화가 있었습니다. 그렇다면 이 기간 동안 중국에는 얼마나 많은 나라가 일어나고 사라졌을까요?

신라는 중국 서한 말기인 기원전 57년에 세워져 5대10국 시대인 935년까지 모두 56대 992년 동안 유지된 나라입니다. 이 기간 동안 중국 대륙에서는 서한, 신, 동한, 위, 촉, 오, 서진, 동진, 변방 5족의 16국, 남북조의 9국, 수, 당과 5대의 후량과 후당, 10국의 오, 오월, 남한, 초, 전촉, 민, 형남, 후촉, 거란의 요에 이르기까지 45개 국가가 흥망을 거듭했습니다.

그 나라들에 대해 간략하게 정리하면 다음과 같습니다.

서한 : 유방이 기원전 206년 장안에 도읍한 이래 서기 6년까지 약 211년 동안 유지되었으며 외척 왕망에 의해 멸망했습니다. 유수가 세운 동한(후한)과 구별하기 위해 서한(전한)이라고 부릅니다.

신 : 서한의 외척이던 왕망이 6년에 서한의 마지막 왕 유연을 대신해 나라를 다스리다가 9년에 유연을 독살하고 스스로 왕위에 올라 나라 이름을 '신'이라고 했습니다. 그 뒤 신은 23년까지 유지되다가 농민들이 크게 들고일어나는 바람에 몰락했습니다.

동한 : 한 왕조의 후예 유수가 26년에 세워 220년까지 194

년 동안 유지되었습니다. 한의 도읍인 장안보다 동쪽에 있는 낙양에 도읍함으로써 흔히 '동한'이라 불리며, '후한'이라고도 합니다.

삼국시대

동한 왕조가 몰락하면서 위·촉·오 세 왕조가 성립되는데, 이 시기를 일컬어 '삼국시대'라고 합니다.

위 : 동한의 마지막 왕 유협을 밀어내고 조조의 아들 조비가 220년에 세운 국가입니다. 그 뒤 266년까지 유지되다가 사마염에 의해 멸망했습니다.

촉 : 흔히 '촉한'이라고도 하는데, 한 왕조의 후예 유비가 221년에 세웠다가 263년 위나라에게 멸망했습니다.

오 : 강동 지역의 세력가 손권이 229년에 세웠으며, 280년 사마염이 세운 서진에게 멸망했습니다.

양진과 16국시대

사마염이 세운 서진은 304년부터 국토가 나누어집니다. 이 과정에서 중국 대륙에는 흉노, 선비, 강족, 저족, 갈족의 5족이 어지럽게 16국을 세웠고, 사마씨 왕조는 강동에서 동진을 일으켰습니다. 이 시기를 5호16국시대라고 합니다.

서진 : 위나라의 무장이었던 사마염이 266년 위 왕조를 몰락

시키고 세웠으며, 316년까지 4대 50년 동안 유지되다가 흉노 귀족 유연에게 멸망했습니다.

동진 : 316년 서진이 몰락하자 진 왕조의 후예 사마예는 건강(지금의 난징)에 도읍을 정하고 진 왕조를 유지하는데, 이를 '동진'이라고 합니다. 동진은 이후 420년까지 11대 103년 동안 유지됩니다.

성한 : 서진이 무너지고 있던 304년 저족 추장인 이웅이 성도를 도읍으로 삼고 세웠으며, 347년 동진에게 멸망했습니다.

전조 : 흉노 귀족 유연이 304년에 세운 국가입니다. 당시 유연은 국호를 '한'이라 불렀다가 316년 서진을 멸망시킨 뒤에는 '조'라고 불렀습니다. 이를 역사적으로 '전조'라고 합니다. 전조는 이후 329년까지 유지되다가 후조에게 멸망했습니다.

후조 : 유연의 부하 장수이던 갈족 출신의 석륵이 319년에 세웠으며, 350년까지 유지되다가 염위에게 멸망했습니다.

전연 : 선비 귀족 출신인 모용황이 337년에 세웠으며, 370년 전진에게 멸망했습니다.

전량 : 한족 출신인 장무가 320년에 세웠으며, 376년 전진에게 멸망했습니다.

전진 : 저족 출신인 부건이 351년에 세웠으며, 394년 서진에게 멸망했습니다.

후진 : 강족 출신인 요장이 부건을 죽이고 384년에 세웠으

며, 417년 동진에게 멸망했습니다.

후연 : 선비족인 모용수가 384년에 세웠으며, 409년 북연에게 멸망했습니다.

서진 : 선비족인 걸복국인이 385년에 세웠으며, 431년 하에게 멸망했습니다.

후량 : 저족 출신인 여광이 385년에 세웠으며, 397년 북량·남량·서량으로 나누어졌다가 403년 후진에게 멸망했습니다.

북량 : 한족 출신인 단업이 397년에 세웠으며, 439년 북위에게 멸망했습니다.

남량 : 선비 출신인 독발조고가 397년에 세웠으며, 414년 서진에게 멸망했습니다.

남연 : 선비 출신인 모용덕이 398년에 세웠으며, 410년 동진에게 멸망했습니다.

서량 : 한족 출신인 이고가 400년에 세웠으며, 421년 북량에게 멸망했습니다.

하 : 흉노 출신인 혁련발발이 407년에 세웠으며, 431년 무혼에게 멸망했습니다.

북연 : 한족 출신인 풍발이 409년에 세웠으며, 436년 북위에게 멸망했습니다.

남북조시대

동진이 양쯔 강 남쪽을 통일한 뒤 동진의 부장 유유는 마지막 왕 사마덕문을 내쫓고 왕위에 오르면서 국호를 '송'이라고 불렀습니다. 그리고 북쪽에서 탁발규가 북위를 세우고 16국의 할거시대를 끝냈습니다. 이로써 중국 대륙은 남조와 북조의 두 왕조가 성립되었습니다. 그로부터 남쪽은 송·제·양·진으로 이어지고 북쪽은 북위·동위·서위·북제·북주로 이어졌습니다. 이 시대를 남북조시대라고 합니다.

남조 : 남쪽의 송·제·양·진 왕조를 통틀어 가리키는 것입니다.

송 : 동진의 부장이던 유유가 420년에 세워 건강에 도읍을 정했습니다. 이후 479년까지 8대 59년 동안 유지되다가 소도성에게 멸망했습니다.

제 : 송의 금위군 수장이던 소도성이 479년 송의 마지막 왕 유준을 쫓아내고 세웠습니다. 그 뒤 제는 502년까지 7대 23년 동안 유지되다가 소연에게 멸망했습니다.

양 : 제나라 말기 전국에서 끊임없이 농민 봉기가 일어나는 가운데 양양의 수비 대장을 맡고 있던 소연이 502년 제 왕조를 몰락시키고 세웠습니다. 그 뒤 양은 557년까지 4대 55년 동안 유지되다가 진나라에게 멸망했습니다.

진 : 양의 무장이었던 진패선이 557년 양 왕조를 몰락시키고 세웠으며, 589년까지 5대 32년 동안 유지되다가 수나라에게 멸망했습니다.

북조 : 북쪽의 북위·동위·서위·북제·북주를 통틀어

가리키는 것입니다.

북위 : 16국시대 말기인 386년에 선비 출신 탁발규가 세운 나라입니다. 그 뒤 북위는 439년 북량을 멸망시킴으로써 북방을 통일해 북조시대를 열었으며, 534년 동위와 서위로 나누어질 때까지 12대 148년 동안 유지되었습니다.

동위 : 북위가 두 개로 나누어지는 과정에서 534년 원선견이 세웠으나 550년 한인 출신 실권자였던 고환의 아들 고양이 원선견을 쫓아내고 북제를 세우면서 몰락했습니다.

서위 : 535년 원보거가 세웠으나 북주에게 멸망했습니다.

북제 : 북위가 동위와 서위로 갈라진 뒤 동위는 허수아비 왕 원선견을 뒷받침하던 고환에 의해 유지되었습니다. 그리고 고환이 세상을 떠나자 그의 아들 고양이 원선견을 쫓아내고 550년 북제를 세웠습니다. 그 뒤 북제는 577년까지 6대 27년을 유지하다가 북주에게 멸망했습니다.

북주 : 서위의 실권자였던 우문태의 아들 우문각이 557년에 세웠으며, 581년 수나라 양견에게 무너질 때까지 5대 24년 동안 유지되었습니다.

수 : 북주의 외척이던 양견이 581년 북주의 마지막 왕 우문천을 몰아내고 세웠습니다. 양견은 이후 589년 남방의 진을 멸망시키고 대륙을 통일했습니다. 하지만 618년 2대 37년 만에 당나라에게 멸망했습니다.

당 : 수의 제2대 왕 양광이 고구려 침략에 지나치게 나라의 힘

을 낭비하자 농민 봉기가 일어났고, 그 와중에 태원유수 이연이 군사를 일으켰습니다. 그리고 618년 양광이 죽음을 당하자 당을 세웠습니다. 그 뒤 이연은 623년 대륙을 통일했으나 둘째 아들 이세민에게 쫓겨났습니다. 그리고 당은 이세민에 의해 발전의 토대가 마련되어 907년 몰락할 때까지 21대 289년 동안 유지되었습니다.

5대10국시대

907년 당나라가 망한 뒤 성립된 후량·후당·후진·후한·후주를 5대라고 하며, 그 밖에 같은 시대에 존재했던 오·오월·남한·초·전촉·민·형남·후촉·남당·북한을 10국이라고 합니다. 이들 나라 가운데에서 신라가 멸망하기 전에 일어난 국가는 후량과 후진·오·오월·남한·초·전촉·민·형남·후촉입니다.

후량

907년 주온이 세운 나라입니다. 5대 국가들 가운데 역사가 가장 긴 나라이지만, 지속 기간은 923년까지 불과 16년밖에 되지 않습니다. 도읍은 개봉이었으며 923년 후당에게 멸망했습니다.

후당

923년 이존욱이 세운 나라입니다. 936년 후진에게 멸망할 때까지 13년 동안 지속되었고, 도읍은 뤄양이었습니다.

10국의 나라들

오는 902년에 양행밀이 세웠으며, 937년 남당에게 멸망했습니다.
오월은 907년에 전유가 세웠으며, 978년 북송에게 멸망했습니다.
남한은 907년에 유은이 세웠으며, 978년 북송에게 멸망했습니다.
초는 907년에 마은이 세웠으며, 951년 남당에게 멸망했습니다.
전촉은 907년에 왕건이 세웠으며, 925년 후당에게 멸망했습니다.
민은 909년에 왕심지가 세웠으며, 945년 남당에게 멸망했습니다.
이들 6국의 왕들은 모두 당나라 말기의 절도사였습니다.
남평(또는 형남)은 10국 가운데 가장 작은 나라로 후량의 절도사였던 고계흥이 924년에 세웠으며, 963년 북송에게 멸망했습니다.
후촉은 934년에 맹지상이 세웠으며, 965년 북송에게 멸망했습니다.

요는 거란족의 야율아보기가 916년에 세운 나라입니다. 처음의 국호는 거란이었으나 태종 야율덕광이 즉위한 947년에 요로 바꾸었습니다. 요는 1125년까지 209년 동안 유지되다가 금나라에게 멸망했습니다.